Diario de un Dorado de Villa

Filiberto Terrazas Sánchez

Diario de un Dorado de Villa

Filiberto Terrazas Sánchez

ISBN: 0-6156-8995-7
ISBN-13: 9780615689951

Con infinita gratitud a
Nadia Terrazas de Nevárez
por su apoyo técnico

Contenido

Introducción 13
1909 15
1910 23
1911 41
1912 69
1913 85
1914 109
1915 149
1916 175
1917 191
1918 199
1919 213
1920 229
1923 245
1960 255
Epílogo 259

Después de haber depuesto las armas, en los pacíficos días en la Hacienda de Canutillo, el General rodeado de sus fieles "Dorados". En la foto con Francisco Villa están: Ricardo Michel, Miguel Trillo, Nicolás Fernández, Sóstenes Garza y Pánfilo Ornelas. En la fila de atrás: José Nieto, Ramón Contreras, Daniel Tamayo, José M. Jaurrieta, Alfonso Gómez, Lorenzo Ávalos, José García, Ernesto Ríos, Silverio Tavares, Ramón Córdoba y Daniel Delgado.

Introducción

El estallido de un anhelo de libertad, largamente reprimido, fue la Revolución Mexicana. Cientos de miles de jóvenes generosamente ofrendaron sus vidas en pos de un ideal.

Aun cuando el torbellino azotó a todo el territorio nacional, las principales acciones de armas se desarrollaron en el norte y, eventualmente, en el centro del país.

Al autor de estas líneas le tocó el privilegio, desde su niñez, de escuchar de viva voz las peripecias y hazañas de quienes lograron sobrevivir luego de acompañar durante el compás 1910-1923 a la más imponente figura de la gesta armada e indubitablemente el hombre más discutido de nuestra historia: Francisco Villa.

En las siguientes páginas se amalgaman los hechos reales —muchos de ellos totalmente inéditos— con el plasma imaginativo que los vertebró intentando transmitir la emoción al lector de quienes vivieron, lucharon y murieron bajo la ensoñación de un México más digno.

Junto al relato oral, recibí igualmente la preciada herencia de los apuntes escritos por personajes tan cercanos al "Centauro del Norte" como José Nieto, Andrés Rivera y Miguel Trillo.

¡Qué diversa es la emoción de la lectura de un libro cuyo autor sabemos que vive aún, en comparación a cuando éste ha partido al más allá! He repasado una y otra vez las memorias de mi tío, el coronel José A. Nieto Houston, ya en su ausencia, en esas páginas avaladas con la sangre joven e idealista de miles de mexicanos, quienes a un siglo de distancia continúan transmitiendo la vibración emotiva como si se hubiesen escrito en pleno fragor del combate.

Esas vivencias constituyen la razón de ser de esta obra.

Durante décadas estas conmovedoras escenas históricas permanecieron aglutinadas e informes en el subconsciente hasta que afloró la decisión de darles expresión literaria, proyectándolas para compartirlas con las nuevas generaciones del México perenne.

Filiberto Terrazas Sánchez

1909

Diciembre 14.

A la salida de clases del Instituto Científico y Literario fui a visitar a mi tío Tomás, quien me había invitado a merendar. Él es telegrafista y despachador de trenes. En su propia casa tiene su telégrafo y me está enseñando el fascinante mundo de la comunicación a través del hilo eléctrico, para lo cual previamente hízome aprender la famosa clave Morse y, desde luego, la llamada internacional de auxilio: ...---..., es decir, S(...) O(---) S(...), y a continuación me permite practicar y a veces me regaña, diciéndome que parece que estoy tartamudeando las palabras y que me pone el ejemplo con la práctica que él ya tiene para transmitir con toda nitidez los mensajes, y no se cansa de repetir:

> Este maravilloso invento puede salvar muchas vidas humanas y llevar a los pueblos a la prosperidad. Imagínate el día en que todos los pueblos de México se hallen comunicados por el telégrafo. En el futuro la red eléctrica envolverá al planeta y será el nuevo sistema nervioso de la Humanidad.
>
> A mí, con toda franqueza, me agrada escuchar a mi tío Tomás, tanto por lo que sabe como por los consejos que me da:
>
> Si quieres tener una vida cómoda —me repite constantemente— debes aprender cosas que los demás no saben.

> Por ejemplo, yo aprendí primero telegrafía, pero todavía di un paso más adelante. Me fui de lavaplatos a El Paso, Texas, solamente para aprender inglés. Así puedo trabajar lo mismo en México que en Estados Unidos y ganar dólares en vez de pesos. A ti en la escuela te dan clases de inglés y francés. Aprovecha ahora que don Simon Picard es muy mi amigo para practicar y hablar también el francés. Precisamente el sábado es el cumpleaños de su señora esposa y quiero que me acompañes para que converses con ellos las pocas palabras que en la escuela has aprendido de francés.

Practiqué media hora el telégrafo mientras mi tía María Antonieta nos preparaba una suculenta merienda. Antes de despedirnos mi tío Tomás me recuerda:

"No te olvides, te bañas y te pones tu mejor traje y que tu papá te preste una corbata, pues iremos a la casa de *monsieur* Picard. ¡Ah!, te preparas unas cuantas frasecitas en francés, ¿de acuerdo?".

Diciembre 18.

He visto la gloria. Tuve la más maravillosa visión que jamás un ser humano ha podido imaginar. Resulta que ayer mi tío Tomás, mi tía María Antonieta y yo nos encaminamos a la residencia de *monsieur* Picard. Toqué la puerta y al abrirse ésta hizo su aparición la más hermosa imagen que ojos humanos hayan podido contemplar. Un verdadero ángel sin alas disfrazado de *mademoiselle* Picard al abrirnos exhibió una celestial sonrisa, diciéndonos con la más dulce voz:

"¡*Bonsoir*!".

Yo quise responderle también en francés, pero me quedé petrificado y sólo después de un largo rato alcancé a balbucear:

"¡*Bonsoir mademoiselle*!".

Ella volvió a sonreír, exclamando:

"¡Ah!, pero si usted habla francés, *monsieur*".

–*Un petit peu* —contesté.

–Pasen, por favor, mis papás les aguardan.

Minutos más tarde nos hallábamos en compañía de la pequeña colonia francesa de Chihuahua: los Soule, los Bazaine, los Pinoncelli y otros caballeros cuyos nombres no pude retener. Pero no todos eran franceses, pues estaban don Abraham González, de ciudad Guerrero, así como el prestigioso periodista don Silvestre Terrazas y los abogados —a cual más ilustre— don Aureliano S. González y don José Mena Castillo (alias el "Chango").

Obviamente la cena estuvo deliciosa, digna del más severo *gourmet*.

Pero lo más interesante fue la conversación que inmediatamente derivó hacia la política.

Sumamente inteligentes fueron las intervenciones de los licenciados Aureliano S. González y José Mena Castillo, mas no menos convincente lo fue la de don Silvestre Terrazas, sin quedarse atrás la de *monsieur* Soule.

Para mí fue esa noche la más impactante de mi vida por doble razón:

Por una parte, cayó estrepitosamente el ídolo de mi abuelita: don Porfirio Díaz, a quien por unanimidad se le criticó la triple masacre de obreros de Pinos Altos, Chihuahua; Río Blanco, Veracruz; y Cananea, Sonora.

Don Silvestre exclamaba en forma dramática:

> Cierto que ha existido progreso —y soy el primero en reconocerlo—. La mejor prueba es que estamos disfrutando de la maravilla del alumbrado eléctrico, pero el dictador tiene las manos manchadas de sangre hasta los codos. Todavía me horrorizo al recordar la masacre de Tomóchic, donde no quedó un solo hombre vivo. Ya basta de dictadura. México requiere un cambio y, ¿sabe usted, *monsieur* Picard, cuál ha sido el más maravilloso

> invento que Francia le dio al mundo? Pues ¡la guillotina!, porque gracias a ella desapareció la aristocracia parasitaria y brotó la república.

Intervino el licenciado Aureliano S. González para brindar: Yo quiero —con todo respeto— brindar, además de la guillotina, por tres brillantes aportaciones de Francia al mundo: para vinos, mujeres y perfumes: Francia.

Un estruendoso aplauso rubricó sus últimas palabras ante la doble belleza de *madame* Picard y su angelical hija.

Se siguió hablando de política y del Partido Antireeleccionista que debería formarse en todo el estado de Chihuahua —aun contra la oposición del supremo gobierno—, pues según una caricatura recientemente publicada don Porfirio piensa retirarse a la vida privada ¡en 1930!, para celebrar con broche de oro sus primeros cien años.

Por otra parte, yo estuve toda la velada embelesado con *mademoiselle* Picard, aunque pocas fueron las palabras en francés que cruzamos. Cuando ella me sirvió mi platillo, con mi mejor acento parisino hube de decir:

"*Merci, mademoiselle*".

Ahora sé que el resto de mi existencia soñaré con ella, por lo menos todos los sábados.

Ella tendrá unos diecisiete años, es blanquísima, ojos verdes, labios pequeños, ligeramente alta y esbelta, y pelirroja la ondulante cabellera, ataviada con un vestido blanco con listones azules, que sería la envidia de la propia reina María Antonieta (la decapitada) y por si poco fuese lo anterior, un extraño y embriagador aroma exhalaba de todo su ser, para demostrar que los perfumes franceses no tienen rival en este planeta.

Absorto retorné esa noche a mi casa con mi mano derecha impregnada del aroma de esa encarnación de la femenina hermosura.

Mi tío Tomás no fue ajeno al impacto de la francesita, pues antes de despedirse me comentó:

"¿Te 'flechó' Jane-France?".

–Es muy hermosa —respondí.

–Y no la has escuchado tocar el piano.

–¡Ojalá el próximo sábado lo haga!

Diciembre 31.

Nueva junta del Club Antireeleccionista en la residencia de *monsieur* Picard. Con el triple entusiasmo de escuchar las brillantes exposiciones de don Silvestre Terrazas, propietario del *Correo de Chihuahua*; el licenciado Aureliano S. González, así como don Simon; practicar mi elemental francés —pues todos los concurrentes lo hablan con fluidez— y como si lo anterior fuese poco, la contemplación sobrenatural de Jane-France, quien no conforme con acaparar tanta belleza esta ocasión se sentó al piano para interpretar el "Nocturno" de Chopin.

Naturalmente la casa respira el aire del Sena y preside la sala una copia del famosísimo cuadro de David cruzando los Alpes, aunque algún chismoso más que historiador dijo que en primer lugar el genio vestía un uniforme de campaña, pues no andaba en ningún desfile militar; además, lo más propio era en esos precipicios montar una mula y no un caballo, pero, en fin, es comprensible que el pintor deseara halagar al emperador a cambio de magníficos honorarios.

Después de una soberbia interpretación de la "Polonesa heroica" de Chopin, Jane-France se despidió seguida de su no menos bella progenitora, *madame* Picard, y nosotros nos quedamos brindando por el cambio democrático en México, aunque, a decir verdad, yo sólo me limité a escuchar y a sentir las eufóricas intervenciones de don Silvestre, así como de don Aure.

Antes de despedirnos del año que se va y de la reunión que acaba, don Simon me entrega un libro en francés:

"Mira, Daniel, te obsequio este libro para que practiques la lectura del francés. Es una obra clásica de Camilo Flammarion: *Urania*; después de leerla me das tu opinión".

–*Merci, monsieur* Picard —exclamé con mi mejor acento.

1910

Enero 1°.

Año nuevo, vida nueva —dice el viejo refrán—. Yo he visto la gloria en los ojos de Jane-France. Daría mi vida por besarle los dedos de los pies. Con más ahínco que nunca estudiaré francés. Estoy inscrito en el Instituto Científico y Literario, la máxima escuela del estado de Chihuahua. Estoy en el bachillerato y el año entrante me graduaré para asistir a la universidad, aun cuando no me he decidido por alguna carrera en particular.

Mi padre tiene un pequeño negocio de compraventa, renta y reparación de bicicletas, el cual nos da para vivir a mi mamá Eulalia, a mi hermana menor Sara y a mí. Somos, pues, una familia pequeña de clase media. Mi abuelo materno, Joaquín, luchó en la guerra de intervención francesa al lado de don Benito Juárez y mi abuelita Conchita —que aún vive— nos relata episodios del siglo XIX cuando un 12 de octubre arribó a la ciudad de Chihuahua el Benemérito de las Américas en medio de un enorme júbilo de toda la población y lo conoció personalmente durante los meses en los que permaneció ahí. Cuenta también que ante la amenaza de que el general Brincourt tomara la ciudad, hubo de huir a El Paso del Norte (hoy Ciudad Juárez) escoltado por el coronel Joaquín Terrazas, en cuya casa vivía un indio apache llamado Manto Negro, el cual en honor a don Benito se puso Jari Manto Negro.

En la escuela tengo muy buenos amigos y todos los días discutimos la política nacional y la mayoría de ellos —a excepción de unos cuantos conservadores como los Creel, los Zuloaga, los Luján— piensan que ya don Porfirio debería retirarse, pues está demasiado "ruco" para seguir gobernando, y ya sea don José Ives Limantour o don Francisco I. Madero deberían ocupar el Castillo de Chapultepec. Yo los oigo y me adhiero, pero mucho me cuido de comentar lo que con tanta valentía expresan don Silvestre Terrazas (a quien, por cierto, ya el gobierno lo trae entre ojos) y el licenciado José Mena Castillo o don Aure.

Para algún día ser digno de la mano de *mademoiselle* Picard sigo practicando telegrafía, a grado tal que mi tío Tomás (además, es mi padriño) me regaló un telégrafo, que instaló en mi casa, y en la noche converso a través del maravilloso hilo eléctrico.

En el Instituto en general me gustan todas las clases, pero en especial Inglés, Historia y ahora (gracias a Jane-France) Francés.

Con un diccionario francés-español estoy leyendo uno de los más interesantes libros que haya jamás —en mi corta vida— caído en mis manos: *Urania*, de Flammarion, el cual me ha fascinado, a tal grado que si algún día Jane-France me da una hija, se llamará *Urania* y será tan bella como su madre.

Nuestro maestro de Literatura nos pidió hacer un resumen de una obra clásica y lo sorprendí con una síntesis de *Urania*, pero ¡en francés!, pues yo bien sé que don Manuelito Aguilar Sáenz domina la lengua de Julio Verne, así que de seguro me sacaré un 10 en esa materia (lo que no sabe don Manuelito es que *monsieur* Picard me corrigió la tarea, especialmente los diferentes acentos).

Uno de mis condiscípulos, Miguelito Trillo, tomó un gis y haciéndolo polvo lo puso en el asiento del maestro de Literatura, don Manuelito Aguilar Sáenz, quien al concluir con su siempre erudita cátedra se levantó con las asentaderas de su traje negro llenas de gis. Eran éstas las inocentes bromas que hacíamos en nuestro querido Instituto.

Enero 15.

Vertiginosamente avanza el año y con él, la agitación política. Se presentan dos escenarios completamente opuestos ("antitéticos", diría don Manuelito Aguilar):

a) Por una parte, don Porfirio quiere "echar la casa por la ventana" y ha dado instrucciones a todos los gobernadores de los estados para que con todo esplendor se celebren las fiestas del Centenario. Ya hace pocos meses don Porfirio pasó por esta ciudad. Mi tío Tomás comentó que a la estación del ferrocarril fue un grupo de chihuahuenses a recibirlo "con sus mejores galas" y al verlos tan elegantes, el Presidente le preguntó a don Enrique Creel:

"¿Y dónde está el pueblo de Chihuahua?".

A lo cual respondió:

"¡Éste es el pueblo de Chihuahua, Señor Presidente!".

Poco después en Ciudad Juárez se le ofrecieron banquetes con discursos a cual más "barberos", pues como general se le comparó nada menos que con Alejandro Magno, Julio César y Napoleón, y no dudo que el viejo se lo haya creído. Para mí que hasta ridículo se ve con tantas condecoraciones casi llegándole hasta las rodillas.

b) El chaparrito Madero ha recorrido gran parte del país con el más rotundo éxito —según don Silvestre, quien siempre está al tanto de las últimas noticias—, pues ya la gente está harta de los mismos y los mismos y los mismos. Será ésta la séptima —y antepenúltima— elección del viejito "héroe del 2 de abril".

Dice don Aure que si don Porfirio se hubiese retirado pasaría a la historia como un gran hombre y recuerda la tremenda frase que Séneca le espetó a Nerón: "Podrás asesinar a cualquiera, excepto a tu sucesor".

Mucha gente hace chunga de la desmedida ambición de gobernar del "ruquito" y lo menos que dicen es que va a festejar el Centenario... ¡en el poder!, es decir, ¡cuando cumpla los cien años gobernando!

A mí, en lo personal, me gustaría un hombre de talento como José Ives Limantour... a condición de que se rasure esas ostentosas patillas propias más de un director de circo provinciano que de un secretario de Hacienda.

Ayer hubo una nueva reunión, ahora en la casa del periodista don Silvestre. Es éste un hombre de mediana edad, complexión regular, ojos claros (como muchos Terrazas) y el pelo blanco, espeso y ensortijado, lo cual ha dado lugar a que le apoden el "Borrego". Es, empero, culto y tiene facilidad de palabra y, además, es muy valiente, pues el gobierno lo ha metido ya varias veces al "bote" y de milagro no se lo han "echado al pico". Particularmente, se ha enemistado con Enrique C. Creel por el tremendo escándalo del robo al Banco Minero.

También asistió el licenciado Aureliano S. González, quien aunque es originario de los Altos de Jalisco, se ha arraigado aquí contrayendo feliz matrimonio con la señorita Vargas, el "rancio abolengo". Es poseedor de amplia cultura —para lo cual es imprescindible hablar francés.

El licenciado José Mena Castillo —a pesar de su apariencia— es un brillante jurisconsulto altamente elogiado por su colega José Vasconcelos. No es alto como don Aure, más bien bajo, ancho el tórax, moreno, pelo lacio, nariz chata y camina un poco encorvado, por lo cual se le apoda el "Chango" Mena; sin embargo, tiene una diáfana inteligencia y magnífica facilidad de exposición, propia sólo de quien ha ejercido el magisterio. Además, posee un gran valor cívico habiendo sido elegido por unanimidad como presidente del Club Antireeleccionista de Parral. Oriundo de Sinaloa llegó muy joven a esa ciudad minera contrayendo nupcias con la apreciable dama doña Felipa Baca, y se le considera uno de los más prestigiosos abogados del estado y es de reconocida fama que el filósofo José Vasconcelos, cuando de Derecho se trata, lo pone por las nubes. Como si lo anterior fuese poco, es un apasionado de la historia universal y de México, y se da un buen reto entre él y don Simon —ambos, por cierto, profundos conocedores de Napoleón.

Febrero 16.

Ahí va el licenciado don Aureliano González Vargas a sacar del "bote" por enésima vez a don Silvestre por "insultos a la autoridad". Y es que ya el gobierno trae al "Borrego" Terrazas de encargo naturalmente por ser opositor de don Porfirio mediante noticias, editoriales y caricaturas no muy halagüeñas para el "ruquito" de Chapultepec.

Antier precisamente publicó una entrevista hecha a mi futuro suegro, don Simon, en la cual un periodista francés le pregunta si odia a don Porfirio Díaz, a lo cual respondió *monsieur* Picard con una frase muy sutil, muy a la francesa y francamente genial:

"No odiamos al presidente Díaz, simplemente ya nos aburrió".

Y este acontecimiento ya se hizo famoso por todo el país, pero además es la pura verdad, pues nosotros, la juventud, jamás hemos conocido a otro gobernante al que —creo dice Miguelito Trillo— le pesan más las medallas que trae colgando para todas partes, como el de las vacas, que sus huesos, y de que su esposa, doña Carmelita, cuando lo busca por los pasillos de Chapultepec, lo localiza por el tintineo de sus medallas; en fin, en el Instituto, salvo un 20% de los profesores, todo mundo hace todo tipo de bromas sobre el Matusalén del 2 de abril, pues hasta la inmensa mayoría de los maestros hacen una discreta —otros, abierta— crítica a la séptima reelección de quien se ha ganado a pulso el título de dictador.

Mayo 6.

La noticia de la semana es el nombramiento de don Enrique C. Creel como ministro de Relaciones Exteriores, quien sustituye por fallecimiento al licenciado Ignacio Mariscal, hecho antier. Desde luego la colonia chihuahuense en México, D.F. (léase el "FUL", Frente Único de Lambiscones), no podía dejar pasar semejante oportunidad y le ofrecieron un banquete encabezado por el licenciado Pablo Macedo, Fernando Pimentel y Fagoaga, licenciado Federico Gamboa, senador Sebastián Camacho, licenciado Antonio de la Peña y Reyes, licenciado Joaquín Cortázar, Telésforo García, senador Antonio Hernández, Manuel, Carlos Eduardo y Tomás McManus, Antonio Sánchez, don Ernesto Madero y otros más.

Siendo don Manuel McManus el presidente de la Sociedad Chihuahuense, pronunció un brindis en el cual "barbeó" de lo lindo al homenajeado, pues aun concediendo que efectivamente es muy inteligente, lo comparó con los más grandes genios que la Humanidad ha conocido, omitiendo desde luego que es el yerno del ganadero más grande del país, don Luis Terrazas.

En contraste, por todo el país, el señor don Francisco I. Madero ha sido aclamado por el pueblo, y la prensa, no sólo oposicionista sino neutral, ha reconocido la espontánea y delirante aclamación de que ha sido objeto. Existe, empero, el real peligro de que el gobierno lo mande asesinar para despejar el camino a la séptima reelección. La situación política está bastante tensa en todo el país.

Junio 9.

¡Ya sucedió! El chaparrito está en el "bote". No lo mandó asesinar don Porfirio, limitándose con internarlo en la penitenciaría de Monterrey, acusado de masacrar una inocente mosca sin permiso del dictador, junto con Roque Estrada, denunciado por cómplice, pues él fue quien le facilitó el matamoscas al "sanguinario" candidato a la Presidencia.

Por supuesto, en todo México hierve la indignación, pues hasta los maestros del Instituto critican las medidas del Gobierno de la República y se teme que en la prisión un pelagatos cualquiera le aseste una puñalada al señor Madero.

Junio 29.

El pasado 26, don Porfirio votó en la casilla establecida frente a la casa número 37 de la segunda calle del Rhin, en la colonia Cuauhtémoc (¡¡¡qué cinismo!!!).

A su vez, el arzobispo de México, don José Mora y del Río, en uso de sus derechos ciudadanos votó por la cédula reeleccionista en la calle de Cordobanes y todos los obispos de México dieron instrucciones "sotto voce" a la feligresía de apoyar la dictadura, situación calificada por los seres pensantes no abyectos como una verdadera farsa.

Julio 5.

El "grandioso" triunfo electoral de don Porfirio —contra nadie— fue celebrado con un espléndido banquete el pasado 3 en el edificio de la "Cigarrera", ofrecido por el "FUL" y en el cual no podían faltar los elogios exagerados de los adulones encabezados por don Guillermo de Landa y Escandón y toda la cauda de... "reeleccionistas".

Don Silvestre publicó en son de guasa que el arzobispo don José Mora y del Río, para asegurar el triunfo, concedió 300 días de indulgencias a quien votara por el "héroe del 2 de abril", irrelevancia que le costó otros tres días en el "bote" ante las risas de los lectores del *Correo de Chihuahua*.

Septiembre 25.

Con un boato impropio para un país pobre como el nuestro, se celebraron las fiestas del Centenario. En audiencia especial es recibido el excelentísimo embajador de China, Chan Tin Fuag (aunque afirma Miguelito Trillo que su verdadero nombre es Chin Su Ma), así como el embajador de España, el marqués de Polavieja, quienes atiborraron al decrépito Presidente con nuevas y pesadas condecoraciones, sabiendo ambos que éste es el lado flaco del homenajeado.

El día 22 se "inauguró" la Universidad Nacional (a pesar de que ésta existe desde el siglo XVI) y lo único que valió la pena de estas ceremonias fueron los discursos excelentes pronunciados por don Justo Sierra y don Ernest Martiniche, delegado de la famosa Universidad de París (en otras palabras, es la misma gata nomás que revolcada).

En la foto del gabinete con motivo de la colocación de la primera piedra del Palacio Legislativo (puros viejitos), el *Correo de Chihuahua* deliberadamente pone como pie "El asilo de ancianos", pero esta vez su director se escondió para no visitar de nueva cuenta el "bote".

Las tan caraqueadas fiestas del Centenario, muy vistosas para los extranjeros que visitaron la capital, en cambio fueron contempladas por un pueblo pobre que si bien algo ha progresado en los últimos treinta años, en el aspecto de la democracia no ha avanzado un milímetro y me pregunto: entre todos los adulones que rodean al Presidente, ¿no habrá algún sincero amigo que le aconseje su renuncia? Se rumora entre sus allegados que ya tiene bastantes lagunas mentales, que está sordo como una tapia y, en fin, ya "chochea", pues el pasado día 15 cumplió ochenta años y como bien declaró *monsieur* Picard, no se le odia pero ya nos aburre, y el pueblo quiere caras nuevas.

Así pues, fuera de los que viven del presupuesto, todo el pueblo, sobre todo la gente pensante, aquellos quienes jamás en su vida han podido aspirar a la más insignificante posición electoral, están hartos de ver siempre a los mismos en todos los cargos públicos.

Es natural que si no se hubiera apresado al señor Madero, éste hubiese ganado de calle la elección a lo largo y ancho del país.

Octubre 22.

El señor Madero se ha fugado a Estados Unidos y ya prepara su Plan de San Luis, y de acuerdo con don Silvestre el país es un barril de pólvora de Sonora a Yucatán y basta echarle un cerillo para que estalle; es más, se prepara ya un levantamiento nacional para el domingo 20 del mes entrante.

El alma de este movimiento en el estado es don Abraham González, de ciudad Guerrero, quien ha recorrido todo Chihuahua, desde Ciudad Juárez hasta Hidalgo del Parral y desde Ojinaga hasta San Isidro, en la Sierra Madre Occidental, y expresa que en todos esos lugares ha recibido una decidida y entusiasta respuesta de hombres dispuestos a ofrendar su vida por la Patria.

En el Instituto no se habla de otra cosa y lo mismo sucede en todos los cafés, como el del Hotel Palacio, y en todas las cantinas empezando por "La Paz", y hasta los borrachos al llegar al tercer estado de ebriedad piden su carabina.

Nuestro señor obispo, por el contrario, encontrase totalmente en contra de la sublevación y sólo habla de "paz, orden, concordia y amor al prójimo".

Yo, en lo personal, aunque simpatizo con las ideas de los tres hermanos Picard, así como de don Silvestre, estoy de acuerdo con mi tío Tomás, quien me dice constantemente: "Lo mejor es permanecer al margen", agregando que en todo movimiento social "unos persiguen a la liebre y otros la alcanzan".

Noviembre 12.

Gran tensión se percibe en todo el estado: "hay puñales en el aire". Por más que el jefe político diga una y otra vez que todo está en calma, la realidad es que no se habla de otra cosa.

Mi papá me pregunta si puedo ir a El Paso, Texas, con un pase de ferrocarril que me consiguió mi tío Tomás, para comprar cuatro bicicletas nuevas para rentarlas, así como algunas refacciones, y por supuesto le contesté afirmativamente, pues además me servirá para practicar mi reducido vocabulario en inglés y, como si fuese poco lo anterior, podré servirle de ayudante (meritorio) al telegrafista Luis Lechuga, subordinado de mi tío Tomás y quien no habla ni una sola palabra en inglés, a quien acompañaré a El Paso a hacer unas compras para el Ferrocarril Kansas City, México y Oriente.

Noviembre 18.

Hoy salimos en el tren rumbo a Ciudad Juárez. Mi amigo Luis Lechuga, un simpático joven de 33 años, me da la oportunidad de ejercitarme —bajo su supervisión— con el telégrafo durante casi todo el recorrido, pues casi al llegar a la frontera le cedo el aparato y me insiste que con mi inglés y español podría trabajar en cualquiera de las compañías norteamericanas, las cuales pagan en dólares, y además agrega que si estalla la revolución nos podemos quedar con empleo seguro en Estados Unidos, aunque él duda que el señor Madero reciba el respaldo para un movimiento armado, pues razona que si bien el pueblo —si tuviera libertad— votaría masivamente por él, otra cosa muy diferente sería tomar la carabina y exponerse a recibir un balazo en la cabeza por defender al chaparrito.

Durante el trayecto casi no se habló de otra cosa que el llamado del señor Madero a derrocar la dictadura actual.

Domingo, noviembre 20.

Luis Lechuga y yo nos hospedamos en el Hotel Paso del Norte y a las nueve de la mañana fuimos a misa a la Iglesia de Nuestra Señora de Guadalupe. El cura nos pidió orar por la paz y el progreso de la nación —se ve que está en contra de la revolución— y pidió a Dios que ilumine a nuestros gobernantes. Ambos tomamos la sagrada comunión y rezamos por que México no se hunda en una nueva guerra civil como las del siglo pasado.

En toda la ciudad no se habla de otra cosa que la revolución proclamada por el señor Madero. Don Silvestre es el único periodista del país que se atrevió a publicar íntegro el Plan de San Luis, lo cual evidentemente puede costarle la vida, pues los dictadores son implacables con sus opositores. Empero observo que todo el gremio ferrocarrilero está con Madero, e igual sucede con la mayoría de la clase media y el campesinado.

Se ha esparcido la noticia de que Aquiles Serdán y su hermano Máximo fueron asesinados en la ciudad de Puebla, sofocándose así un brote revolucionario en el sur.

También se dice que Toribio Ortega ya se levantó en armas desde el día 16 en Cuchillo Parado, cerca de Ojinaga, con un buen grupo. Se espera igualmente que tanto en la Sierra Madre como en Parral, se lleven a cabo sublevaciones y recuerdo que el "Chango" Mena Castillo había dicho que en el sur del estado había mucha gente preparándose para tomar las armas. En suma, en el ambiente se siente una enorme tensión. Mañana lunes iremos a El Paso, Texas, y leeremos los periódicos de allá que no están vendidos al gobierno, como la gran mayoría de los mexicanos.

Noviembre 22.

Ayer pasamos por el puente internacional al lado americano Luis Lechuga y yo. La prensa habla de varios levantamientos en gran parte del territorio chihuahuense: uno de los más importantes es, desde luego, el de Toribio Ortega en la región noreste del estado. Se habla igualmente de brotes en la región de Parral y Guerrero. El gobierno declara que absolutamente todo está bajo control, pero el pueblo no está muy convencido.

Compré cuatro bicicletas nuevas y dieciséis llantas, también nuevas, así como todas las refacciones que mi papá me solicitó. Pasado mañana me regresaré yo solo, pues Luis salió hoy para Chihuahua.

También adquirí dos telégrafos marca Bunnell de acero, bronce y baquelita. Uno para mí y el otro para mi tío Tomás, con los cuales es una verdadera delicia operar, pues son sumamente sensibles al tacto. Es la diferencia entre un violín tarahumara y un Stradivarius de Cremona.

Diciembre 1°.

Retorno a la ciudad de Chihuahua con las bicicletas que fueron del agrado de mi papá, de las cuales con motivo de la Navidad vendió tres y sólo dejó una para renta, por lo cual debo ir nuevamente a El Paso a comprar más.

A mi tío Tomás le encantó el nuevo telégrafo Bunnell fabricado en Nueva York y de inmediato lo pusimos a funcionar comunicándonos no sólo a la ciudad de México, sino a Chicago y a Kansas, estas dos últimas ciudades en inglés. Una vez más me insiste en enrolarme en los ferrocarriles norteamericanos que demandan telegrafistas bilingües, pero yo deseo obtener un título universitario para pedir la mano de mi francesita.

Diciembre 8.

La situación se complica cada vez más. Hay brotes rebeldes en todo el territorio nacional, aunque los más fuertes combates se han librado en el estado de Chihuahua. Toribio Ortega en la región de Ojinaga y Cuchillo Parado ha tenido varios enfrentamientos con los soldados de la Federación; en la sierra entre San Isidro y Ciudad Guerrero sigue reclutando cada vez mayores elementos Pascual Orozco, pues allá la gente no puede olvidar la espantosa masacre ordenada hace algunos años por don Porfirio, donde mataron al último hombre —Cruz Chávez— en el poblado de Tomóchic. En la región de Parral también anda la gente apoyando a Guillermo Baca, pariente de la esposa del "Chango", licenciado José Mena Castillo, presidente del Club Antireeleccionista de ese mineral. Además, andan levantados José de la Luz Blanco en Santo Tomás, José Rascón en Namiquipa,

Rufino Loya en Cuiteco, Ignacio Valenzuela en Témoris, Manuel Chao en Baqueteros, Cástulo Herrera en el centro de la entidad y quién sabe cuántos más, por lo cual se advierte un fuerte movimiento de tropas, tanto en esta capital como en Ciudad Juárez.

Me comenta el licenciado Aureliano González que don Panchito Madero, al sentir que sus propios paisanos de Coahuila no lo apoyaron como él esperaba, en un momento pensó embarcarse a Francia y precisamente los combates en el estado de Chihuahua fueron lo único que lo hizo disuadir del abandono del Plan de San Luis, y se le está convenciendo de que venga a encabezar a las fuerzas de Pascual Orozco, quien se está batiendo heroicamente contra la Federación.

Don Silvestre ha declarado: "Se ha encendido la antorcha de la revolución y no será don Porfirio quien la apague". Efectivamente, están llegando por el ferrocarril tropas para guarnecer esta capital, mientras otros se dirigen a la frontera, pues se piensa en un ataque inminente a una de estas plazas.

Diciembre 20.

Terminé la lectura de *Urania*, de Flammarion, y mi tío Tomás me adelantó su regaló de Navidad con otro autor francés: *Veinte mil leguas de viaje submarino*, de Julio Verne, el cual con la ayuda de un diccionario espero leerlo en mi próximo viaje a la frontera.

Mientras tanto, sigo visitando a *monsieur* Picard con el triple propósito de:

a) Practicar y aprender francés.
b) Disfrutar de la enciclopédica cultura.
c) Contemplar —en éxtasis— al más hermoso ser humano jamás creado por el gran Arquitecto del Universo: Jane-France (con la cual por cierto ya empiezo a conversar en francés).

Para todos estos objetivos me he ofrecido como voluntario en la integración de la Alianza Francesa de Chihuahua, pues a ella concurre gente no sólo europea, sino de la alta sociedad de nuestra ciudad. Además, llegan diversas revistas y libros del viejo continente. Y por si poco fuese lo anterior, es una oportunidad para mirar a mi musa francesita. Por lo pronto, ya me aprendí el más bello himno del mundo: "La Marsellesa", y lo cantaría si no tuviese una voz peor que la de un coyote samalayuqueño.

Diciembre 25.

Ayer tuvimos la cena de Navidad y disfrutamos en compañía de mi abuelita paterna de un suculento guajolote previamente engordado en el corral desde hace dos meses. Ella bendijo la mesa y todos oramos por que vuelva la paz a México... y yo en mi fuero interno por que el terco dictador —quien ya sabe hasta la saciedad que el pueblo lo aborrece— renuncie y permita a otros hombres gobernar en una auténtica democracia con libres elecciones para diputados, senadores, gobernadores y presidentes de la República, pues es una lástima que por el capricho de un hombre se derrame sangre entre mexicanos, como ya sucedió en Puebla con la familia Serdán y aquí mismo en el estado. Cosa curiosa: mi abuelita es porfirista; en cambio, mi papá y mi tío Tomás son partidarios de que el anciano dictador se jubile y pase sus últimos años en una hamaca; en suma, mucha gente grande es partidaria de él, pero por el contrario todos los que no peinan canas son ardientes partidarios del cambio.

Hoy por la mañana fuimos a una misa oficiada por el señor obispo, quien pidió una oración por la paz en todo el país, pues al menos en el estado siguen cundiendo los brotes de rebelión y no hay trazos de pacificación. En toda la ciudad, restaurantes, bares, barberías, cafés y plazas públicas no se habla de otra cosa que: Toribio Ortega se bate en Ojinaga, Cástulo Herrera en San Andrés, Pascual Orozco en la sierra y así por el estilo. Si siguen así las cosas, yo seguiré el consejo de mi tío Tomás y me iré de telegrafista al "Kansas City, México y Oriente" a ganar dólares, para después pedirle a *monsieur* Picard la mano de su hija.

Diciembre 31.

Don Guadalupe Gardea, mi tío Tomás y yo fuimos a la residencia de *monsieur* Picard. Desde afuera escuchamos el inconfundible "Nocturno" de Chopin, seguramente interpretado por Jane-France. Salió a abrirnos *madame* Picard conduciéndonos a la sala, donde advertimos a un caballero elegantemente ataviado, quien nos dio por nombre Roland Huguet, evidentemente francés. A continuación apareció don Simon, acompañado de su hermano menor Maurice, y con solemne voz nos anuncia:

"*Monsieur* Huguet se ha comprometido con Jane-France y en marzo contraerán nupcias y fijarán su residencia en París".

Me quedé petrificado: ¡todas mis ilusiones, mis anhelos, mis objetivos en esta vida caían por los suelos! Algo debió advertir mi tío Tomás, pues me sujetó fuertemente del brazo izquierdo mientras don Simon agregaba:

"¿Gustan acompañarnos a un brindis?".

–*Oui, oui, merci, monsieur* Picard —con voz quebrada respondí antes de que dos lágrimas afloraran por mis mejillas.

Enseguida *madame* Picard aparece con una bandeja con una botella de coñac y sus respectivas copas, mientras *monsieur* Huguet, tomando de la mano a Jane-France, se acerca a nosotros reflejando su felicidad en el rostro para exclamar:

"Nos casaremos en la Catedral y nos sentiríamos muy honrados en que nos acompañaran".

El futuro marido de Jane-France es un hombre alto, de robusta complexión, cabello rubio, ojos verdes y bigote espeso. Viste acorde a la última moda y seguramente proviene de alta posición. Habla pasablemente bien el español, aunque con marcado acento galo.

Yo, que jamás bebo licor, en una hora apuré tres copas para sorpresa de mi tío, a quien seguramente no le pasó inadvertida mi situación emocional.

Hablamos de la situación política cada vez más confusa y de los inútiles esfuerzos, tanto del gobernador como del Presidente de la República, para controlar la situación, pues cada vez son más insistentes los rumores de que los insurrectos sitiarán y tomarán la capital del estado, lo cual ha dado lugar a que fuertes contingentes militares arriben a reforzar la plaza.

Luego de deleitarnos Jane-France con varias piezas interpretando a Schubert, Beethoven y otros más que no sé quiénes son, mientras don Guadalupe Gardea vehementemente defendía el movimiento maderista, juzgamos oportuno despedirnos, no sin prometerle yo a don Simon proseguir mis estudios de francés.

No bien llegué a mi cuarto me eché sobre la cama intentando poner en orden mis ideas y sentimientos, y quizá por el influjo del coñac pensé que no valía la pena seguir viviendo, pues sin Jane-France mi existencia carecía de sentido.

Afortunadamente tenía la posibilidad de emigrar a Estados Unidos y abandonar para siempre Chihuahua. Por lo pronto debo regresar a El Paso, Texas, a adquirir otras bicicletas y media docena de telégrafos Bunnell, ya no sólo para el ferrocarril sino para otras empresas. Luis Lechuga me está tramitando un "pase" Chihuahua-Ciudad Juárez-Chihuahua.

1911

Enero 2.

No volveré jamás en mi vida a pisar la casa de *monsieur* Picard, aunque continúo leyendo en francés la fabulosa obra de Julio Verne, *Veinte mil leguas de viaje submarino*, y desde luego asistiendo a mis clases del Instituto.

Hoy me encontré a Martín López, un muchacho muy agradable que andaba con Guadalupe Gardea, y fuimos a la nevería. Siempre trae Martín la sonrisa a flor de labios, es alegre y optimista, comunicándome que el movimiento revolucionario se ha extendido por toda la República y que el señor Madero —por ahora refugiado en San Antonio, Texas— piensa venir a Chihuahua a ponerse, junto con su hermano Raúl, al frente de los insurrectos. Inclusive ya me está animando a participar en las filas de la revolución.

Enero 22.

Acompañado de nueva cuenta de Luis Lechuga, me vine a El Paso, Texas, a fin de adquirir tres bicicletas, refacciones, así como seis telégrafos Bunnell. Aquí la prensa no es tan servil como en México —salvo contadas excepciones— y es más imparcial. Aunque no haya muchos brotes armados, el repudio al dictador es de costa a costa. Se menciona en todas partes que don Francisco I. Madero pronto vendrá a Chihuahua a encabezar el movimiento armado de Pascual Orozco y Toribio Ortega. Todo el personal de los ferrocarriles se encuentra a favor del cambio hacia una democracia, pues —como bien dice el licenciado Aureliano González— no sólo no hay democracia para nadie, porque todo México depende de la voluntad o caprichos de un dictador, sino que además se da el lujo de aplastar a sangre y fuego las protestas de los obreros, como sucedió en Pinos Altos, Chihuahua; en Río Blanco, Veracruz; y en Cananea, Sonora, pues agrega que don Porfirio está sordo como una tapia y es incapaz de escuchar el clamor del pueblo, del cual se ha alejado encerrándose en el Castillo de Chapultepec, igual que Luis XVI en Versalles, hasta el triunfo de la Revolución Francesa.

Luis Lechuga y yo disfrutamos, por lo pronto, el cómodo —y gratis— viaje por ferrocarril Chihuahua-Ciudad Juárez-Chihuahua.

Febrero 12.

La situación en la ciudad de Chihuahua sigue tensa en extremo. Hay constante movimiento de tropas que siguen llegando del sur. En la sierra la gente de Pascual Orozco, se bate con los federales sin que éstos puedan controlar el estado. Ya incluso la prensa, antes incondicional del gobierno, le otorga seriedad al movimiento armado. Se ha fortificado la capital del estado ante un inminente ataque de los insurrectos.

Me relata *monsieur* Bompard que la prensa porfirista, se asemeja a la francesa: cuando Napoleón se escapa de la isla de Elba, aparece a grandes titulares:

¡EL OGRO SE HA FUGADO!

La siguiente publicación fue:

¡NAPOLEÓN DESEMBARCA EN FRANCIA!

Poco después:

¡EL GENERAL BONAPARTE A LAS PUERTAS DE PARÍS!

Y finalmente:

¡EL EMPERADOR HA RETORNADO!

Únicamente el *Correo de Chihuahua* ha mantenido la misma postura revolucionaria desde un principio, lo cual ya le ha costado no pocas veces ser ilustre huésped del "bote" a su director.

Por su parte, don Porfirio continúa desoyendo un clamor cada vez más fuerte y más extendido a lo largo de todo el territorio nacional.

Los clientes que a diario llegan al negocio de mi papá traen los mismos periódicos de los chismes del día. Y éstos consisten en que en la región de Parral ya se combate duramente, lo mismo que en la sierra, donde siempre está presente el trágico recuerdo de Tomóchic, en cuyo pueblo el dictador ordenó asesinar por medio del general Rangel hasta al último hombre de nombre Cruz Chávez.

Febrero 16.

Llevé a mi abuelita a misa de nueve a la Catedral el domingo. ¡Más valía haber ido a cualquier otra misa! Pues ¡allí estaban! Jane-France y su prometido. Nomás de verlos sentí una terrible opresión en el pecho y las lágrimas estuvieron a punto de aflorar. ¡Tantas ilusiones que me había hecho con la francesita! ¡Cuántos sueños resquebrajados! Y yo ni siquiera a sus labios pude jamás tener acceso.

Allí, en plena Catedral, tomé una grave decisión: ¡me incorporaría cuanto antes a la revolución!

Naturalmente no le dije nada a nadie, mucho menos a mi papá. Simplemente haría mi maleta; tomaría prestada la pistola de mi papá y localizaría en la región de Casas Grandes a mis amigos los hermanos López: Pablo, Vicente y Martín. Este último, sin dejar de sonreír, ya me había invitado, pero yo aún tenía la ilusión de la compatriota de Napoleón. Sin embargo, ahora todo era distinto.

De que la hoguera revolucionaria ha prendido no hay menor duda. Don Porfirio, sordo como está, empieza a escuchar el clamor popular de animadversión en su contra. Con exceso de optimismo le aconsejaron que cambiando de gobernador todo se calmaría. ¡Craso error! Y, además, ¡demasiado tarde! En primer lugar, no es tan simple como quitar a un gobernador y poner a otro para que todo quede en paz. ¡Lo que la gente quiere no es el cambio de gobernador, sino del Presidente de la República! Eso sólo lo entenderá cuando arrecien los balazos. Es decir, el problema no está en Chihuahua, sino en México.

El día primero tomó posesión don Miguel Ahumada como gobernador. Es verdad que es un hombre brillante y conciliador y tiene una ilustre carrera política, pues antes había sido gobernador, tanto de Chihuahua como de Jalisco, y lo primero que hizo al llegar aquí fue citar en su casa —la más hermosa, por cierto, del estado— a don Abraham González, a fin de lograr la pacificación. Se cuenta que estuvieron discutiendo más de dos horas, insistiendo don Abraham en que la única manera de deponer las armas sería la renuncia de don Porfirio, a lo cual éste pone oídos sordos.

Hoy corrió el rumor de que Francisco I. Madero se internó al estado por el poblado de Guadalupe —no lejos de Ciudad Juárez— para encabezar las tropas que traen Pascual Orozco y Toribio Ortega.

Febrero 21.

La situación sigue cada vez más tensa. Varios jóvenes de la ciudad han desaparecido repentinamente. De la familia López, una noche se fueron los tres: Pablo, Vicente y mi amigo Martín, y se supone que se los llevó Guadalupe Gardea para la región de Casas Grandes, donde andan los revolucionarios.

Corre también el rumor de que el señor Madero regresó de Texas y se vino a Chihuahua para encabezar el movimiento. Otro que igualmente se ha vuelto "ojo de hormiga" es Andrés Rivera, muy amigo de mi papá, lo mismo que Miguel Saavedra.

Ya la prensa, por primera vez desde el 20 de noviembre pasado, le concede serias posibilidades al movimiento de insurrectos y es debido esto más que nada al descontento en contra de la dictadura que cunde por toda la nación, pero con más fuerza que en ninguna otra parte en el estado de Chihuahua, pues no sólo han aparecido nuevos brotes rebeldes, sino que los anteriores se siguen incrementando día con día. Ayer mi papá habló con don Silvestre Terrazas y éste le comentó que ya es incontenible el movimiento, el cual no habría de acabarse mientras el viejo dictador se aferre a su silla, lo cual hará más dura su caída, misma que sólo él no quiere ver.

Marzo 9.

Fui a la casa de Andrés Rivera, a quien conozco desde hace algunos años. Él, a su vez, es muy amigo de los tres López: Pablo, Vicente y Martín, así como de Guadalupe Gardea y Miguel Saavedra.

Le expliqué mi firme intención de darme de alta en el movimiento de don Abraham González.

Me preguntó qué tal monto. Le contesté: "monto bien, pues un tío tiene un rancho y las vacaciones vamos a pasear a caballo. Además, sé andar en bicicleta (cuando le dije esto se rió), pero además soy telegrafista y hablo inglés y francés", a lo que replicó:

> Mira, Daniel, las revoluciones no se hacen en bicicleta, pero sí nos puedes servir con tu inglés y tu telégrafo. Vente pasado mañana a las seis de la mañana y nos iremos juntos Miguel Saavedra, tú y yo a reunirnos con el contingente que va a encabezar el señor Madero. Nicanor Palomares nos va a guiar hasta el campamento donde está todo el contingente.

Esa misma noche hice mi maleta en la cual guardé mi caja con 50 cartuchos .45, me fajé la pistola de mi papá, a quien le dejé una nota diciéndole que me iba con Andrés

Rivera a la revolución y pidiéndole a mi mamá su bendición, pues nunca sabe uno cómo va a acabar.

Hacía bastante frío, pues aún era invierno, y antes de salir el sol me fui por la calle Independencia hasta la casa de Nicanor Palomares, quien ya me esperaba. Me ofreció una taza de café bastante cargado y caliente, y al terminar ensillamos los caballos. A mí me tocó uno muy mansito, el "Comanche", y Nicanor montó una yegua, la "Golondrina".

Cuando despuntó el sol ya íbamos en pleno camino rumbo a Santa Isabel, a la cual llegamos al mediodía.

Nuestra comitiva se componía de Miguel Saavedra, Andrés Rivera, Nicanor Palomares y yo.

En Santa Isabel ya nos esperaba el hermano de Andrés, de nombre Hipólito, ofreciéndonos una suculenta comida a base de carne asada, tortillas de harina, frijoles con queso y duraznos en almíbar.

Hipólito se alegró mucho cuando se enteró que yo era telegrafista y no acabábamos de comer cuando me dijo: "Véngase conmigo, muchachito, ahorita mismo se va a comunicar don Abraham González desde la casa de mi compadre Atenógenes Solís".

Tenían allí un telégrafo, pero no había quien lo operara, por lo que Atenógenes, después de las presentaciones, me dijo:

"Aquí está el aparato. Comuníquese a Casas Grandes con Macedonio Aldana".

Una vez conectado con la corriente eléctrica empecé a transmitir a Casas Grandes, repitiendo tres veces el santo y seña. Al rato se produjo la respuesta: "Aquí Macedonio, aquí Macedonio. ¿Quiénes están con usted?".

–Estamos Miguel Saavedra, Andrés e Hipólito Rivera, Nicanor Palomares y yo. Mi nombre es Daniel Delgado. De Santa Isabel nos van a acompañar 17 amigos más, todos montados y armados.

La plaza ha sido tomada después de varios días de furiosos combates por Pascual Orozco, pero tenemos noticias de que se apresta una fuerte columna federal a recuperar la plaza. El señor Madero ya se encuentra encabezando el movimiento.

Marzo 17.

Hoy, antes del mediodía, llegamos a la Hacienda de Bustillos, Miguel Saavedra, Andrés Rivera, Nicanor Palomares y yo. Vimos a doscientos metros las tropas rodeando el casco de la hacienda. Al acercarnos escuché una conocida voz: "¡Daniel!".

Volteé. Era Martín López, quien sonriendo y seguido de sus hermanos Pablo y Vicente, vino a abrazarme.

–¡Al fin decidiste venir! Vente, te voy a presentar a mi jefe.

Llegamos a la sala de la hacienda y por primera vez lo vi: era Francisco Villa, quien platicaba con Pascual Orozco. En ese momento volvió su mirada y vio nuestro compacto grupo:

"¡Miguel, Andrés, Nicanor! Y tú, muchacho, ¿cómo te llamas?".

–Soy Daniel Delgado, sobrino de Tomás Delgado.

–¿El telegrafista?

–Sí, mi general.

–¿Hijo de Tiburcio, que renta bicicletas en la calle Segunda?

–Sí, mi general, he venido a invitación de los hermanos López a darme de alta.

–¡Qué bien!, mire, mi general Orozco, le presento a mis muchachitos de Chihuahua: Miguel Saavedra, Andrés Rivera, Nicanor Palomares y Daniel Delgado.

Volteó Pascual Orozco y sin darnos la mano apenas musitó: "¡Mucho gusto! Bienvenidos al movimiento".

–Bueno, mi coronel, el señor Madero nos aguarda.

–Martín, no te me muevas de aquí, que te necesito —díjole Villa a mi amigo.

Esa noche nos acomodamos como pudimos y cansados

del viaje —al menos yo— nos entregamos, inmediatamente después de merendar, a un profundo y reparador sueño.

Una orquesta de catorce gallos al filo de la madrugada nos despertó al siguiente día. Todos teníamos curiosidad por conocer al presidente provisional, don Francisco I. Madero.

A eso de las siete y media apareció: es chaparrito, frente amplia y despejada, pelo lacio y muy negro, usa bigote y pequeña barba, ojos negros y noble mirada, propia de un idealista (y él lo es), trae el brazo derecho vendado en cabrestillo, como resultado de una herida recibida en el combate en Casas Grandes. Junto a él Pascual Orozco parece gigante: alto, flaco, huesudo, pelo lacio y espeso bigote negrísimo, frente estrecha e inclinada hacia atrás; junto a él camina Villa, con una mirada inquieta que parece escudriñar todos los detalles a su alrededor; al sonreír muestra unos dientes manchados como la gente de Villa Ahumada y la de San Juan del Río, Durango —quizá por el agua salitrosa—. Alcanzó a oír los planes para atacar Ciudad Juárez.

Afuera de la hacienda me encuentro muchos amigos y conocidos de la ciudad de Chihuahua, así como de Santa Isabel y de San Andrés. A varios de ellos como que les sorprende que ande también yo en "la bola".

Escucho otra vez muy peculiar:

"¡Daniel!".

Vuelvo la cabeza: es don Abraham González que me abraza con afecto.

–Apuesto a que te trajo Andrés Rivera —me dice jovialmente.

–Así es don Abraham.

–¿Y tu bicicleta?

–La dejé en Chihuahua, señor.

–Bueno, aquí es mejor el caballo. Tu tío Tomás, ¿cómo está?

–Muy bien, señor, trabajando en los ferrocarriles.

–Qué bueno que veniste, ya ves que andan por aquí muchos amigos... y cada día llegan más a engrosar nuestras filas.

–Eso veo, señor.

–Ya esto no se para hasta que caiga el dictador. Bueno, nos veremos más tarde, me espera el señor Madero.

Marzo 20.

¡A tomar Ciudad Juárez! Es el grito generalizado en toda la Hacienda de Bustillos. Tal parece que anoche se encerraron en la capilla los señores Madero, Orozco, Villa y don Abraham González durante más de dos horas para discutir el plan de campaña y llegaron a la conclusión de lo importante que es para el movimiento la toma de la ciudad fronteriza más importante del país.

Hoy muy temprano me encuentro con Vicente López, quien me dice: "¡Salimos para el norte! Y hoy llegan más de doscientos voluntarios de la sierra".

Conforme se acerca la primavera un sol enorme, radiante, ilumina las verdes faldas de la Sierra Madre Occidental. Y un gran bullicio se esparce por los alrededores de la suntuosa hacienda. El padre Oscós ofició a las siete de la mañana una misa en la capilla, misma que se abarrotó —aunque es pequeña— y después el desayuno de la tropa.

Pablo y Martín López andan muy pegados a Pancho Villa, quien ya los considera como miembros de su escolta. Su hermano Vicente me regaló ayer una cartuchera repleta de parque 30-30 y nos pusimos a tirar al blanco, y por supuesto me ganó tanto con rifle como con pistola. En eso estábamos cuando llegó Pascual Orozco a pedirnos que no desperdiciáramos el parque, porque lo íbamos a necesitar en Ciudad Juárez para los "pelones".

El optimismo se acrecienta con la noticia de que en toda la República sigue cundiendo el movimiento. El dictador mandó llamar a Francia a José Ives Limantour para que le ayude a parar "la bola".

Muy posiblemente hoy salgamos para ponerle sitio a Ciudad Juárez. Anoche llegaron dos periodistas gringos a cubrir —uno para El Paso y el otro para San Francisco— el desarrollo de la revolución. Uno se llama James y el otro, Donald. Este último se acercó a mí para pedirme que le traduzca en la entrevista que quiere hacerle a Pascual Orozco. Ya le tomó varias fotos al señor Madero y a don Abraham González.

Marzo 30.

Todo un ejército que sobrepasa los dos mil hombres ha llegado a las goteras de Ciudad Juárez. Acampamos en la margen derecha del río Bravo, al poniente de la ciudad. En una casa de adobe se instaló el Palacio Nacional, en forma parecida a como en el siglo pasado lo hizo aquí don Benito Juárez cuando luchaba en contra del emperador Maximiliano.

La mayor virtud de los juarenses es su generosidad, pues nos han atendido magníficamente, ayudándonos en lo que pueden.

Hoy me presentaron a Giussepe Garibaldi, nieto del héroe italiano. Al darle la mano le dije las únicas palabras que me sé:

"*Buon giorno, signore*".

Respondiéndome con una sonrisa.

También se presentaron como ochenta y cinco gringos a darse de alta con el señor Madero, dispuestos a dar su vida por la revolución mexicana. Todos ellos fueron retratados por Donald para su periódico de San Francisco. A mí me retrató también junto con Guadalupe Gardea y Vicente López.

Pascual Orozco y Francisco Villa están desplegando una actitud asombrosa y parece que están en todas partes y conocen a todo el mundo, lo cual no ha dejado de impresionar a don Panchito Madero. Entre don Porfirio y él no hay punto de comparación, pues el dictador está enfermo de soberbia, mientras nuestro jefe se halla animado por anhelos democráticos.

–¿Quién es ese ruquito del bombín? —me pregunta irónico Martín López.

–Es Venustiano Carranza —replico.

–¿Y qué quiere aquí?

–Pues la verdad no sé. Es paisano del señor Madero y jamás lo apoyó en Coahuila, cuando angustiosamente se le pidió; toda su carrera política la hizo en el porfirismo y ahora —como las ratas que son las primeras en abandonar el barco al hundirse— viene a ponerse a sus órdenes pretendiendo el Ministerio de Guerra y Marina cuando ¡jamás disparó un balazo en la revolución!, pero como dice un refrán: unos persiguen la liebre y otros la alcanzan.

Abril 9.

¡Qué cinismo! Don Porfirio viendo que la lumbre le llega a "los aparejos", designa a tres viejos marrulleros: licenciado Francisco Carbajal, Óscar Braniff y Toribio Esquivel Obregón para negociar con el señor Madero: "restablecer el orden en el país" con la proposición genial que la séptima será la última reelección del general Díaz, quien, de acuerdo a las propuestas de los señores capitalinos al concluir su mandato (en 1914), se retirará a la vida privada; es decir, entonces el señor Madero tendrá el derecho de volver a presentarse como candidato a la Presidencia de la República (pero habrá de abolirse para siempre la reelección).

–¡Mira qué chistosos —me comenta Guadalupe Gardea.

Don Silvestre Terrazas comentó irónicamente las propuestas mañosas del licenciado Francisco Carbajal con esta anécdota: en la guerra de moros y cristianos un soldado español se cayó en un pozo, al cual se asomó un musulmán y el hidalgo castellano le gritó con estentórea y dominante voz:

–¡He tú! ¡Sacadme de aquí presto y os perdono la vida!

Del mismo talante se hallan los enviados del dictador. A lo mejor su benignidad llegará al grado de ofrecerle al señor Madero una chamba de escribiente en Palacio Nacional.

Ya han transcurrido varios días en pláticas y más pláticas queriendo convencer al caudillo de la revolución que reconozca el "legítimo" triunfo electoral de don Porfirio.

Pero, mientras tanto, ya las tropas revolucionarias se desesperan al ver que pasan los días y nada de nada.

Mayo 9.

Ya se prendió la mecha: me relata don Guadalupe Gardea que Pascual Orozco y Villa se pusieron de acuerdo así:

–Orozco: Mire, compañero, los días pasan y pasan y nosotros nomás como tontos.

–Villa: Así es, mi general, ya mi gente está desesperada y el chaparrito no da trazas de llegar a nada.

–Orozco: Mire qué desvergonzados aquellos "pelones", lavando su ropa en pleno río a la vista de nosotros.

–Villa: A que no cree que me dan ganas de echarles unos cuantos balazos.

–Orozco: Pos' manos a la obra, mire, a esta distancia yo le pego a aquel prieto que anda acarreando ropa blanca.

–Villa: A mí ya me está cayendo sangrón por lo descarado. Yo también soy capaz de atinarle y con pistola.

–Orozco: Mire, compañero, vamos a tirotearles y pos' si responden les echamos a nuestra gente.

–Villa: Me parece muy buena idea. Tráigase unos tres o cuatro buenos tiradores y vamos a pegarles. Cuando el chaparrito se dé cuenta ya no va a poder parar "la bola".

Se está peleando furiosamente, de día y de noche, pues Orozco y Villa no quieren darle un minuto de reposo al general Navarro, jefe del Ejército federal.

A mí me encomendó don Guadalupe Gardea que transmitiera telegráficamente el desarrollo de los acontecimientos a la ciudad de Chihuahua, lo cual hice con verdadero entusiasmo.

Ya hay bastantes heridos en nuestras filas. Los americanos se han portado muy bien, pues, por una parte, hay un contingente de gringos a las órdenes de Garibaldi, y por otra, han abierto sus hospitales de sangre de El Paso a nuestras fuerzas.

Los federales han quedado reducidos —y sitiados en el cuartel– y sólo es cuestión de tiempo para el triunfo de la revolución. Así se lo comuniqué telegráficamente a mi tío Tomás, mandándole saludos a mi familia y diciéndole que estoy bien, y aunque quisiera haber sido todo un héroe hasta el momento no se me ha concedido.

Mayo 11.

¡Cayó Ciudad Juárez! El mismo señor Madero no lo podía creer: tras durísima lucha casa por casa, con actos de valor indescriptibles no sólo por parte de los defensores, sino de la gente de Pascual Orozco y Pancho Villa, incluso el contingente de americanos bajo las órdenes de Garibaldi.

A eso de las tres de la tarde, se izó la bandera blanca y el general Juan J. Navarro le entregó su espada al teniente coronel Félix Terrazas, quien de inmediato se comunicó con Villa y Orozco, que a su vez llevaron la grata noticia al señor Madero, quien al fin vio coronado su ideal: la caída del dictador. Claro está, todavía faltan las "pláticas" de paz con los viejos marrulleros llegados de México y quienes —como dice Vicente López— se van a defender como "gato patas pa' arriba", pues son tan cínicos que, aun viendo que el pueblo los repudia, quieren todavía negociar sus posiciones.

Tuve el gusto ayer de conocer al señor Raúl Madero; es un hombre joven aún, de buen semblante, educado, sincero e idealista. Vino acompañado de la señora "SARAPE", con todo respeto, es decir, la virtuosa esposa de nuestro Presidente Provisional, doña Sara P. de Madero, quien se quedó alojada en un cómodo hotel de El Paso, Texas. El licenciado Aureliano González hizo de inmediato magnífica amistad con el hermano de nuestro Presidente y le advirtió a don Abraham González que no se dejaran envolver por los enviados de don Porfirio.

Al filo de las cinco de la tarde nos fuimos los tres López (Pablo, Martín y Vicente), acompañados de don Guadalupe Gardea, a la nevería de El Paso, Texas, "The White Star", y yo les servía de intérprete al ordenar la "banana split".

Tanto en El Paso como en Ciudad Juárez ha estallado un júbilo fuera de lo común y no bien retorné, ya don Abraham González me buscó para transmitir telegráficamente a México todos los detalles de la caída de la ciudad. El jolgorio durará gran parte de la noche y mientras tanto el señor Madero se ha encerrado con don Venustiano Carranza, don Abraham González, su hermano Raúl y el licenciado José María Pino Suárez a discutir los términos de las negociaciones con los representantes de don Porfirio.

En fin, ayer se abrió una nueva etapa en la historia de México.

Mayo 19.

Continúa el júbilo no sólo en esta frontera, sino en todo el país por la caída del anciano dictador. En la propia capital de la República, se han multiplicado los actos de protesta del pueblo exigiendo la inmediata renuncia de don Porfirio y otro tanto ha sucedido en innumerables ciudades de la República, incluyendo la capital de Chihuahua.

Mientras tanto, la tercia de representantes de don Porfirio continúa plática y plática en discusiones interminables con el señor Madero y sus representantes, pues —como dice Nicanor Palomares— los "científicos" son coyotes muy escopetados y no quieren fácilmente dar su brazo a torcer, mientras las tropas acantonadas empiezan a desesperarse, pues pasan días y más días y se redactan "borradores" y más "borradores", pero es hora de que todavía no se firma nada.

En un momento de exaltación Pascual Orozco le dijo a Madero: "Si para mañana no firman soy capaz de fusilarlos a los tres", a lo que el señor Madero replicó:

"Ya llegamos a un arreglo. La firma del armisticio se hará de un momento a otro".

En todo México estalló la alegría al saber que, al fin, el dictador, empujado por los acontecimientos, se vio obligado a poner pies en polvorosa... sin embargo...

aquí en Ciudad Juárez, se produjo un incidente de gravísimas consecuencias que pudieron ser fatales para la revolución.

Resulta que Orozco y Villa estaban decididos a fusilar al general Juan J. Navarro en represalias por haber ejecutado a los prisioneros revolucionarios de Cerro Prieto —algunos heridos—, pero el señor Madero enérgicamente se opuso. Hubo jaloneos y salieron a relucir las pistolas, pero gracias a Dios fue toda una tormenta en un vaso de agua y se llegó a un entendimiento, salvándose la vida del defensor de la plaza.

¡Ojalá esta fisura no tenga consecuencias en las futuras relaciones Orozco-Madero!

Yo me quedé en la retaguardia cuidando caballos durante todo el sitio de la ciudad, pero en cambio los tres hermanos López hicieron gala de valentía, pues —como dicen— aquí son muy "puntales".

Concluida la revolución esperamos la hora de abordar los trenes para la ciudad de Chihuahua, donde mi familia me espera. Afortunadamente, y gracias al bendito telégrafo, yo he permanecido en permanente contacto con mi tío Tomás.

Mayo 30.

¡Cayó don Porfirio! Luego de 30 años, tres meses y dieciocho días el dictador presentó su renuncia al Congreso federal.

Yo recibí telegráficamente la noticia y de inmediato se la llevé a don Guadalupe Gardea, quien se hallaba con Martín y Vicente López. Como reguero de pólvora corrió la noticia en El Paso y aquí, y las cantinas locales declararon "barra libre" para que todo el que quisiera emborracharse gratis, lo hiciera.

Pancho Villa es un tipo muy folklórico: se quita las estruendosas espuelas de plata, pero eso sí, nunca las mitazas. Al conocer la noticia sonrió de oreja a oreja mostrando sus dientes manchados de sarro y sus ojos brillaron de alegría. Pascual Orozco recibió la noticia con serenidad, pues es un tipo que nunca ríe.

Don Venustiano se pasea muy orondo, como si él hubiese logrado el triunfo, cuando en los momentos decisivos, allá en Coahuila, se le escondió al señor Madero.

Don Raúl Madero repartió sonrisas por todos lados y se mezcló con la tropa conversando con los soldados y muy especialmente —en inglés— con el alegre contingente de unos treinta americanos, quienes se unieron a los de este lado en la celebración con una cerveza en la mano y gritando a cada rato: ¡Viva México!

Si algo caracteriza a Ciudad Juárez es la hospitalidad y generosidad de sus habitantes, pues en numerosas casas durante el sitio y después del triunfo invitaron a comer y a merendar a infinidad de soldados y oficiales. Y en El Paso no se portaron peor, pues nos abrieron sus hospitales de sangre y nos regalaron ropa, zapatos y alimentos.

Junio 3.

¡Chihuahua! No pudo ser más alegre el tren que nos condujo a Chihuahua: uno de los compañeros, Alfredo Ortiz, toca la guitarra y Vicente López canta —muy mal—, pero todos le seguimos la tonada mientras devorábamos la llanura hasta llegar a la capital, donde fuimos recibidos como héroes, aunque yo era quien menos merecía ese calificativo, pero en cambio me sentía muy orgulloso con mis dos cartucheras 30-30 cruzadas sobre el pecho y otra más en la cintura para mi pistola .45.

En la estación nos esperaba la banda de música municipal llenando el aire con "El zopilote mojado" y otras alegres piezas. Todo fue abrazos y risas y creo que México está feliz, pues el dictador se embarcó en el "Ipiranga" con destino a Francia y ahora funge como presidente interino un licenciado muy culto y educado llamado Francisco León de la Barra, publicando don Silvestre Terrazas que más que león es un borrego de estirpe conservadora, pero aun así hay un enorme abismo.

¡Qué diferente es la atmósfera cuando en lugar de una dictadura gobierna un hombre de bien!

Comenta el licenciado José Mena Castillo que cedió demasiado el señor Madero al permitir que el licenciado Francisco León de la Barra asumiera la Presidencia en lugar de un elemento no porfirista sino revolucionario como el doctor Vázquez Gómez o incluso don Venustiano Carranza o Pino Suárez, pero eso será por pocos meses, pues don Francisco I. Madero será el candidato más popular para este mismo año de 1911.

En fin, el tiempo dirá quién tiene razón.

Y, sin embargo, el propio licenciado Mena Castillo comenta que no deja de ser un magnífico avance tener en la Presidencia de la República a un abogado culto que a un general testarudo, quien ordenó las masacres de Pinos Altos, Río Blanco, Cananea y Tomóchic. Además, en pocos meses tendremos como presidente al señor Madero, quien hoy es —sin lugar a dudas— el hombre más popular de la nación. Yo tuve el honor de conversar brevemente con él cuando, acompañando a Guadalupe Gardea y a Vicente López, le llevábamos noticias del resto del país.

También me conocen por mi nombre Pascual Orozco (padre e hijo), Pancho Villa y don Abraham González.

Lo primero que hice al llegar a casa fue darme un buen baño, pues mi abuelita me quemó la ropa vieja que traía (por no mencionar la ropa interior).

Desde luego el primero en llegar a casa fue mi tío Tomás, quien se siente muy orgulloso de haberme enseñado la telegrafía. Y ahora añade que este oficio en una revolución bien puede salvarme la vida, pues no es lo mismo hacer una carga de caballería, carabina en ristre, que transmitir mensajes por medio del hilo eléctrico.

El domingo iremos Vicente López y yo a la Plaza de la Constitución, después de haber oído misa con mi abuelita en la Catedral para darle gracias a Dios por haber salido con bien en el sitio de Ciudad Juárez. El director de la banda municipal invariablemente abre con "Recuerdo" y sigue con el alegre son de "El zopilote mojado", para finalizar con "Sobre las olas".

Concluida la serenata nos fuimos los López —Vicente y Martín— a la nevería "La Torre Eiffel" a probar los exquisitos barquillos y, además, a relacionarnos con las muchachas de la sociedad, quienes concurren allí invariablemente todos los domingos. Allí me encontré con Miguel Trillo, quien nos preguntó por todos los detalles de la campaña, diciéndome que en el Instituto Científico y Literario los muchachos preguntaban por mí, pues corrió como reguero de pólvora que yo me había ido a "la bola" y todos los días leían las novedades en el *Correo de Chihuahua*.

Prácticamente la totalidad del Instituto Científico y Literario —maestros y alumnos— están de acuerdo en apoyar la candidatura del señor Madero, a través del Partido Constitucional Progresista que está organizando don Abraham hoy con miras a las elecciones a celebrarse el próximo 1° de octubre.

Todo el estado de Chihuahua en forma prácticamente unánime apoya con gran entusiasmo la candidatura del señor Madero, no así la del poeta Pino Suárez para la Vicepresidencia, pero ni modo, no se puede tener conforme a todo el mundo.

El general Bernardo Reyes también quiere lanzar su candidatura, pero la respuesta ha sido sumamente fría: en primer lugar, porque representa al viejo régimen porfirista; en segundo, porque no se le tiene ninguna confianza; y en tercero, porque un general, en lugar de un civil, sería ir para atrás en lugar de ir para adelante: por ejemplo, Estados Unidos, donde la inmensa mayoría de sus presidentes son civiles.

Don Silvestre Terrazas, que está al tanto de toda la situación en el país, informa que en el norte como en el sur y en la propia capital de la República, el pueblo está completamente a favor del señor Madero, por lo cual no hay la menor duda de su triunfo, pues ya hasta el "FUL" (Frente Único de Lambiscones), tan entusiasta porfirista, es ahora delirante maderista.

Hoy, el Correo de Chihuahua publica una caricatura de don Porfirio encaramado en la Torre Eiffel observando con un anteojo los acontecimientos de México. Es decir, el dictador que ayer inspiraba temor, hoy provoca burla, pues como dicen en Francia: *c'est la vie* (así es la vida).

A insistencia, por una parte, de mi tío Tomás, y por la otra, de Miguel Trillo, he vuelto a inscribirme en el Instituto Científico y Literario, pues la revolución ya felizmente terminó.

Todo el país está en calma, excepto el estado de Morelos donde Zapata aún sigue levantado en armas, a pesar de todos los intentos para el restablecimiento de la paz.

Agosto 6.

La tranquilidad ha vuelto al estado en el cual se trabaja normalmente. Mi papá continúa con su negocio de renta, venta y reparación de bicicletas, las cuales, como él acertadamente dice, son el mejor sistema de transporte en la ciudad, aunque Chihuahua también cuenta con el tranvía.

Don Abraham González Casavantes ha resultado muy buen gobernador. Recibe a todo el mundo en su oficina. Ha solicitado un préstamo de la fabulosa suma de seis millones de pesos para atender sus dos principales preocupaciones: la educación y la situación agraria. En cuanto a la primera, se van a construir varias escuelas primarias en diversos puntos de la ciudad y por lo que a la segunda se refiere, se van a expropiar latifundios y se va a fundar un Banco Agrícola para otorgar, por primera vez en la historia del país, créditos a los campesinos y pequeños propietarios, a fin de convertir a Chihuahua en un vergel, tal y como empieza a suceder ya con la hermosa Colonia Dublán, al norte de Nuevo Casas Grandes. Aunque allí me quito el sombrero ante el empuje del espíritu y trabajo de los mormones, quienes emplean las más modernas técnicas de la ciencia de la agronomía.

Además, está planeando un sistema de becas para los alumnos de la Escuela Particular de Agricultura Hermanos Escobar, que tiene varios años funcionando en Ciudad Juárez.

Creo que con todos estos factores: ferrocarriles, telégrafos, teléfonos con servicio de larga distancia, bancos, producción minera y forestal, Chihuahua llegará a ser uno de los estados más prósperos de la República Mexicana, sobre todo ahora que contamos con la democracia que tanta falta nos hacía.

La semana pasada estuve en Colonia Dublán y Nuevo Casas Grandes, donde vendí seis aparatos telegráficos Bunnell y regreso gratamente impresionado de la escuela mormona, así como la forma en que esta gente a base de esfuerzo ha convertido en un vergel esta parte de Chihuahua. ¡Ojalá todos siguiésemos su ejemplo!

A mi tío Tomás lo visito seguido en su oficina de despachador de trenes y me permite practicar mis cada vez mejores aptitudes de telegrafista. No cesa de aconsejarme que algún día busque este trabajo en Estados Unidos, para lo cual sigo con todo ahínco estudiando y practicando el inglés, pues a la casa de don Simon jamás he vuelto a practicar el francés, ya que Jane-France y su prometido se casan el mes entrante y fijarán su residencia en París y no deseo volverlos a ver en mi vida, a pesar de que *monsieur* Picard ha sido muy gentil conmigo.

Octubre 17.

En toda la República se celebraron las elecciones más democráticas en lo que va del siglo XX y terminaron con un avasallador triunfo del señor Madero en la siguiente forma:

Francisco I. Madero: 19 997 votos
Francisco León de la Barra: 87 votos
Otros: 45 votos.

El optimismo sobre el porvenir de la Patria, se ha desbordado a lo largo y ancho del territorio nacional. Para que la paz sea completa sólo falta que Zapata deponga las armas, lo cual es muy posible, pues ha externado el señor Madero que lo primero que hará será precisamente hablar con él.

El resultado de la votación ha demostrado que absolutamente todas las clases sociales votaron por el caudillo de la revolución. ¡Ojalá México continúe por esta senda de orden y progreso (como dicen en Brasil)!

Por lo pronto, Chihuahua se siente profundamente orgullosa de haber participado en tres momentos estelares de la nación:

a) En 1811 acogimos la venerable figura del Padre de la Patria, don Miguel Hidalgo.
b) En 1864 recibimos la figura egregia de don Benito Juárez.
c) Hoy, en 1911, triunfa la revolución en el estado de Chihuahua y con ello, México ingresa a la democracia.

El porvenir no puede ser más halagüeño.

Todo sería perfecto... si Jane-France me hubiese correspondido.

Ayer vino Miguel Trillo a rentar una bicicleta y nos fuimos al Parque Lerdo llegando hasta la parroquia de Santa Rita. Él es uno de los más aventajados alumnos de Inglés y de Historia de la patria en el Instituto Científico y Literario y coincidimos en todas las opiniones políticas. Nuestros profesores se hallan muy contentos con la situación nacional y, sobre todo, porque Pascual Orozco y Pancho Villa se hayan cubierto de gloria en la hazaña de mayo, en que se derrumbó la dictadura. Hoy nos equiparamos a Estados Unidos, Suiza y Francia en cuanto a democracia se refiere.

Dice el licenciado Aureliano González que se va a efectuar un banquete de 87 platillos en el Restaurante Chapultepec.

Cuando le pregunté por qué exactamente 87, me respondió que son todos los que votaron por Francisco León de la Barra.

Diciembre 12.

¡Qué bonito es Chihuahua! Sobre todo en diciembre en que empiezan las "posadas" en los templos de Santa Rita, San Francisco y, desde luego, la Catedral, que tiene fama de ser la más grande y hermosa del norte del país.

Hoy, desde la madrugada, empezaron los "matachines" con su ritmo monótono y prehispánico a danzar en el atrio del Templo Mayor.

En el Instituto tuvimos clase y el profesor Alanís, liberal, ateo y masón, se burla de las tradiciones religiosas de México y lo menos que proclama es que la Virgen de Guadalupe no existió jamás y que es un invento para someter a los indios supersticiosos e ignorantes, y remata su cátedra de Historia diciendo que la ciencia irá acabando, una por una, con todas las supersticiones de las clases ignorantes de Latinoamérica.

Yo le cuento esto a mi abuela sólo para hacerla desatinar y ella inmediatamente me lleva a confesar al Templo de Santa Rita con el padre Grajeda. Mi papá es mucho más liberal, y aunque no discute con su mamá, sí es juarista de corazón e incluso ha sido invitado a pertenecer a la masonería, pero hasta la fecha no ha aceptado.

En esta ciudad se dan muy claramente las dos tendencias: por una parte, el clero mantiene una influencia muy fuerte, y por la otra, hay una corriente liberal bastante grande, en buena parte debido a las colonias de extranjeros como los americanos, los franceses y los alemanes que habitan esta población, quienes han ejercido su impacto cultural en la sociedad.

Además, Chihuahua es reconocida como una de las más modernas y bonitas del país: tenemos drenaje, alumbrado público, teléfonos, telégrafos, bancos, casas comerciales a la altura de las de la capital, tranvías eléctricos; en suma, todas las comodidades de una metrópoli. Nuestro teatro de los Héroes no le pide nada al de Módena, según dicen los entendidos —entre los que se encuentra la famosa Tetrazzini, quien cantó aquí las más grandiosas óperas italianas (aunque el maestro Salomé de la banda municipal prefiera "El zopilote mojado").

El maestro Alanís nos dijo ayer en su clase de Historia: "Hoy México disfruta de paz, pero la pregunta es: ¿por cuánto tiempo?".

Diciembre 17.

Hoy vino Nicanor Palomares, de Santa Rosalía, y se ha empleado en varias casas suntuosas para cultivar la jardinería, que es su pasión. Es un muchacho serio, trabajador hasta decir basta y, sobre todo, leal como un perro. El domingo próximo iremos con Miguel Trillo y Vicente López a la nevería "El Oso Polar", donde sirven los mejores barquillos del estado.

Ayer empezaron las "posadas". Mi abuelita me llevó a la Catedral, donde el maestro Talavera toca al violín música sacra y cerró con el "Ave María", de Gounod, en forma soberbia, a tal grado que todos los fieles quedaron extasiados con su maravillosa interpretación.

Como si fuese poco, Lulú Creel cantó como los ángeles y el mismo maestro Talavera ha opinado que debería irse a Milán a la Escuela de Ópera, pues está a la altura de Ángela Peralta.

Los borrachos —que nunca faltan— aprovechan las "posadas" para echarse entre pecho y espalda sus ponches con pretexto de calentar el cuerpo, para lo cual previamente se proveen de sotol de Coyame curado con víbora de cascabel.

Diciembre 26.

Ayer se celebró la Navidad. En casa mi abuelita preparó el guajolote que desde hace dos meses mi papá se trajo de Santa Isabel. Mi mamá preparó como todos los años el arbolito de Navidad con su respectivo "nacimiento", con figuritas que mi tío Tomás trajo de Jalisco.

Tuvimos la gratísima presencia de don Francisco Moure, quien´es un excelente violinista y durante un par de horas nos deleitó entre ponche y ponche con valses vieneses y mexicanos, para cerrar con las danzas húngaras —la quinta y la sexta— de Brahams, que desde luego fueron muy aplaudidas.

Después de la cena mi tío Tomás y el señor Moure, se enfrascaron junto con mi papá y mi mamá en una larguísima sesión de dominó, que no supe cómo terminó, pues yo me fui a acostar temprano.

Diciembre 31.

Misa de gallo en la Catedral. El señor obispo ofició y pidió a toda la feligresía orásemos para que ilumine al señor Madero en la difícil tarea de gobernar México.

El gabinete nuevo queda así:

- Relaciones Exteriores: licenciado Manuel Calero.
- Gobernación: don Abraham González.
- Justicia: licenciado Manuel Vázquez Tagle.
- Instrucción Pública y Bellas Artes: Miguel Díaz Lombardo.
- Fomento, Colonización e Industria: licenciado Rafael Hernández.
- Guerra y Marina: general José González Salas.

- •Hacienda y Crédito Público: Ernesto Madero.
- •Comunicaciones y Obras Públicas: Manuel Bonilla.

En virtud de que los zapatistas aún continúan "en pie de guerra", es decir, violando mujeres, descarrilando trenes y saqueando comercios, se comisionó al licenciado Robles Domínguez a conferenciar con Emiliano Gabriel Zapata para negociar la paz.

A mi papá le contó don Silvestre Terrazas una anécdota sumamente inquietante:

Se le ofrece un banquete al señor Madero en el club Aquiles Serdán y el general Victoriano Huerta, en quinto grado de ebriedad, hizo el siguiente brindis que dejó pésima impresión:

"Señor Madero: Hizo usted mal en dudar del Ejército. La duda es el mayor insulto que se puede hacer a un Ejército honrado y leal, y el mexicano lo es como pocos. Hizo usted mal en dudar de él".

Al concluir, en lugar de aplausos, se hizo un ominoso silencio, toda vez que sus palabras se consideraron irrespetuosas y agresivas para el Señor Presidente. Éste, haciendo acopio de su prudencia, contestó que él nunca había dudado del Ejército, etcétera.

Concluía don Silvestre asegurando que los locos y los borrachos siempre dicen la verdad.

Para finalizar el día, diré que un hermoso manto de nieve cubre la ciudad y, muy especialmente, se ve pintoresco el Parque Lerdo.

1912

Enero 8.

Si el año pasado le fue bien a México con la caída de la dictadura, el presente no se advierte tan claro: rumores y más rumores. Por una parte, se teme un levantamiento del sobrino del dictador Félix Díaz; igualmente se sospecha que anda conspirando y nada raro sería que también se levantara en contra del gobierno legítimo. A su vez, el ingeniero Vito Alessio Robles descubrió otro intento de rebelión y detuvo a los generales Melitón Hurtado e Higinio Aguilar —muy amigos del general Bernardo Reyes— y los metió a la penitenciaría de México.

Por otra parte, el general Bernardo Reyes, quien siempre aspiró a suceder a don Porfirio, se levantó en armas, pero inmediatamente fue aprehendido y encerrado en el "bote".

Como si lo anterior no fuese suficiente, fracasaron las pláticas entre el licenciado Gabriel Robles Domínguez y Emiliano Zapata, a quien ya le gustó su afición favorita: dinamitar trenes y violar a sus ocupantes —especialmente a las mujeres.

Pero, además, si un sector de la prensa fue siempre servil y adulón del dictador, no bien hubo tomado posesión el señor Madero empezaron los más crueles ataques, unos serios y otros disfrazados de jocosidad. Pero lo más grave es que tres de ellos: Mario Victoria, director de "Multicolor"; Juan Tuset Durán y Jacinto Capella ni siquiera son mexicanos y abusando de nuestra hospitalidad, se han dedicado a atacar al gobierno, por lo cual éste —con toda razón— acordó expulsarlos del país al amparo del artículo 33 constitucional en contra de los extranjeros perniciosos.

Inmediatamente que se dio a conocer el decreto de expulsión, don Ignacio Herrerías, presidente de la Asociación de Periodistas Metropolitanos, acompañado de un nutrido grupo de colegas, fue al Castillo de Chapultepec a solicitarle al Presidente que revocara "tan severa medida", y don Francisco I. Madero tuvo la nobleza (o debilidad) de acceder a la petición, diciéndoles que tan sólo moderasen sus vitriólicos ataques.

Pero eso no es todo: el zapatista licenciado Antonio Soto y Gama en una manifestación a favor de la prensa, se atrevió a decir "que la revolución no fue hecha por Madero, sino por el pueblo que lo eligió como Jefe" (a lo cual podría replicársele: y cuando el señor Madero derramaba su sangre por la revolución en Casas Grandes, ¿dónde estaba Emiliano Zapata?).

En suma, en todo el país existen personas afectas al viejo régimen y quienes ahora quieren recuperar sus privilegios perdidos, por cuya razón, de una forma u otra, velada o abiertamente, critican y atacan al señor Madero, cuando en los últimos treinta años jamás abrieron "el pico".

Enero 28.

¡Pascual Orozco renuncia! La noticia es sensacional a nivel nacional, toda vez que el héroe indiscutible de la revolución es él. Publica al efecto una enigmática carta diciendo "estar convencido de que en la actualidad mis servicios son de poca utilidad al país", lo cual no aclara mucho la situación.

Esta noticia es sumamente inquietante en virtud de que a Orozco se le había considerado el brazo derecho del señor Madero y ahora lo abandona precisamente cuando en gran parte del territorio nacional se encienden hogueras de rebelión.

Supuestamente Orozco se dedicará a sus "asuntos particulares", pero consistían éstos en escoltar las conductas de oro y plata de la sierra a la capital estatal y difícil será creer que volverá a esa misma labor ahora que México lo ha colocado en el pedestal de los héroes de la Patria.

Ojalá la renuncia de Pascual Orozco no pase de allí.

Febrero 3.

Nuevos nubarrones oscurecen el cielo chihuahuense. La guarnición de Ciudad Juárez de 300 hombres se subleva, atacando al coronel Estrada y poniendo en libertad a los presos, y se apodera de una locomotora del Ferrocarril Central enviando avanzadas al sur, volando y destruyendo los rieles. Se vincula este zaperoco con la renuncia de Orozco.

Ayer los soldados que mandaba el capitán Refugio Mendoza, se sublevaron en esta ciudad de Chihuahua abriendo fuego sobre la guardia de la penitenciaría. Silverio Orozco, primo de Pascual, es muerto en la refriega. Los sublevados obligaron al gobernador interino Aurelio Gómez a poner en libertad a Antonio Rojas —partidario del licenciado Emilio Vázquez Gómez— y a tres de sus hombres.

Rojas parte rumbo a la sierra.

Febrero 28.

Se subleva Emilio Vázquez Gómez, quien quiere ser presidente en lugar del señor Madero. Emilio Campa manda un ultimátum a las autoridades de Ciudad Juárez pidiendo la rendición de la plaza. El gobierno ordenó a las fuerzas de Marcelo Caraveo abatir a los sublevados, pero recibe órdenes de Pascual Orozco de retirarse de Chihuahua.

Ayer 27 la guarnición de Ciudad Juárez se entregó a las fuerzas vazquistas. Mucho se teme que se propague por todo el estado esta rebelión.

Marzo 4.

¡Ya sucedió lo que tanto se temía! Pascual Orozco, el máximo héroe de la gesta armada de 1910, ahora se levanta en armas desconociendo al gobierno.

Esto es una verdadera catástrofe, pues Orozco es sumamente popular en el estado y ahora correrá seguramente un torrente de sangre chihuahuense. Si Villa lo secunda, se le pondrá al gobierno central la situación "color de hormiga", pues un grupo numeroso de gente le pide a don Abraham González la renuncia, pero éste huye de la ciudad, la cual se convierte en un caos.

Don Silvestre Terrazas deplora la actitud de Pascual Orozco diciendo en un editorial de su periódico que históricamente se está suicidando y puede caer del pedestal que merecidamente ocupa en el Olimpo de México. Ahora es de preverse un sangriento enfrentamiento entre sus fuerzas de unos cinco mil hombres ampliamente financiadas por don Alberto Terrazas y el gobierno central. Sólo Dios sabe qué nos espera en Chihuahua.

Poco antes de anochecer me encuentro con Vicente López, quien me avisa que en unión de sus hermanos Pablo y Martín se dirigen a la "Quinta Luz", la casa de Pancho Villa, a ver cómo marchan las cosas. Vicente es de mi opinión y la de mi papá en el sentido de que Pascual Orozco, el hombre más popular en el estado, debería conservar el bien ganado prestigio que a la fecha disfruta en todo México, pues a él, en primer lugar, se debió el triunfo de la revolución con la caída de Ciudad Juárez el año pasado.

Ahora el señor Madero, a las pocas semanas de haber tomado posesión de la Presidencia, con tanta rebelión no ve lo duro, sino lo tupido.

Marzo 17.

El general José González Salas llega a Torreón y expide un manifiesto decretando la amnistía para Pascual Orozco y sus seguidores, pero éste no lo acepta y se prepara para enfrentarse con sus varios miles de soldados al Ejército federal.

A su vez, Pancho Villa se declara fiel al presidente Madero y anda incansable reclutando a su gente para sostener al gobierno federal. Por lo pronto, ya se le han unido centenares de jinetes que anteriormente se le habían adherido.

En la ciudad de México los alumnos de la Escuela de Aspirantes ofrecen sus servicios al Presidente para salir a combatir a Pascual Orozco.

Por lo pronto, Chihuahua se ha dividido en dos contingentes irreconciliables: orozquistas y villistas, lo cual es una lástima, pues el único resultado será un tremendo derramamiento de sangre fratricida. Yo, por ejemplo, tengo muchos amigos en ambos bandos y he decidido, siguiendo el consejo de mi tío Tomás, permanecer al margen y observar desde la tranquilidad de mi hogar los acontecimientos que se avecinan.

Ahora miles de chihuahuenses, de un bando o del otro, hallarán la muerte en los meses próximos.

Mayo 17.

"La baraja se volvió reyes", comenta el licenciado Aureliano González. Y es que las sublevaciones en contra del señor Madero, se multiplican por todo el país: en Sinaloa, Oaxaca, Morelos y Chihuahua se derrama sangre entre mexicanos. Se comenta que es el propio embajador norteamericano, míster Henry Lane Wilson, quien propicia la rebelión. Y, en efecto, se da el curioso caso de los periódicos *The Mexican Herald*, edición en inglés, y *El Heraldo Mexicano* —en español—, ambos bajo la dirección de míster Paul Hudson, donde frecuentemente se nos deturpa y calumnia. Bueno sería que a este gringo se le aplicara el artículo 33 y se le expulsara del país por pernicioso.

El caso es que se están produciendo los choques armados entre la gente de Orozco y la de Villa, quien se alió ya como "coronel irregular" con el Ejército federal. Muchos de los amigos de mi papá y de mi tío Tomás, como Marcelo Caraveo y Félix Terrazas, se fueron con Orozco; otros, como Guadalupe Gardea, Nicanor Palomares y los tres López (Vicente, Pablo y Martín), andan ya con Villa. Yo me pregunto:

¿Cuántos de todos ellos lograrán sobrevivir?

Cierto es que la lucha del señor Madero por derrocar la dictadura representaba un ideal: la libertad para un pueblo oprimido durante más de treinta años, durante los cuales los jóvenes de entonces y los de ahora jamás conocimos la más estrecha rendija democrática, pero ahora es ésta una lucha de facciones. Quieren tirar a un hombre bueno como Madero para imponer —¿a quién?— ¿a un general ambicioso como Bernardo Reyes o Félix Díaz, que instaure otra dictadura de treinta años?

En estas últimas semanas han arreciado los combates entre Orozco y el Ejército federal. Una máquina loca cargada de dinamita enviada por los orozquistas hizo pedazos al convoy federal del general González Salas, quien luego de este desastre se suicidó.

Los hermanos del presidente Madero, Raúl y Emilio, ya se unieron a Villa y todos se incorporaron a las fuerzas del general Victoriano Huerta, logrando entre todos derrotar en la región de Mapimí a los sublevados.

Por asunto de una yegua, Victoriano Huerta ordenó en Jiménez el fusilamiento de Villa. Apenas unos minutos antes de que se ejecutara aquella orden, entre Guillermo Rubio Navarrete y Raúl Madero obtuvieron del Presidente instrucciones para que al preso se le enviara a la penitenciaría de la ciudad de México acusado de desobediencia, insubordinación y robo. Mientras todo esto sucede, el gobernador don Abraham González permanece oculto temiendo que los sublevados lo asesinen, por lo cual la situación en la ciudad de Chihuahua es de absoluta incertidumbre, pues nadie sabe qué va a pasar.

Preso Villa en la capital de la República, algunos villistas como los tres hermanos López, Miguelito Saavedra y Guadalupe Gardea han regresado a la ciudad de Chihuahua, mientras el Ejército federal derrota a los orozquistas en el sur del estado.

Julio 9.

Ayer, finalmente, después de derrotar a las fuerzas orozquistas que evacuaron la ciudad de Chihuahua, toman posesión de la plaza las fuerzas del gobierno y el gobernador don Abraham González vuelve a ejercer el mando civil del estado.

En el sur la situación sigue de mal en peor. Las fuerzas zapatistas continúan volando trenes y saqueando las poblaciones que toman, por cuya razón a Emiliano Zapata le ha denominado la prensa el "Atila del Sur", pues en sus excesos no respeta ancianos, mujeres ni periodistas, aunque tampoco obtiene importantes victorias contra el Ejército federal.

Hay una calma tensa en la ciudad. Los orozquistas, si bien han sido derrotados, han rechazado las ofertas de amnistía del gobierno iniciando una guerra de guerrillas.

Me he encontrado con Vicente López, quien me dice que mañana Miguel Saavedra se entrevistará con el gobernador don Abraham González, a fin de que éste intervenga con el señor Madero para que liberen, aunque sea bajo fianza, a Villa, quien sigue preso en México, ya que se le necesita en Chihuahua para sostener al gobierno legítimo. Ojalá tengan éxito estas gestiones, pues lo que nuestro país requiere es paz.

Agosto 31.

Don Silvestre Terrazas fue ayer invitado a comer a casa de mi tío Tomás. Naturalmente se habló mucho de política y, en especial, de la situación de Villa, quien continúa preso en la ciudad de México, a pesar de las múltiples gestiones de sus amigos, entre otros, don Raúl Madero, por obtener su libertad.

"Hay puñales en el aire", expresó don Silvestre, refiriéndose a las múltiples sublevaciones y traiciones que flotan en el ambiente y le impiden al gobierno realizar una obra constructiva en un ambiente de tranquilidad.

Don Silvestre le atribuye el levantamiento de Orozco a don Alberto Terrazas y a don Juan Creel, quienes lo agasajaron en el Casino de Chihuahua y lo declararon el verdadero triunfador de la revolución. Sin embargo, es evidente el encono entre el director del Correo y la familia Creel, a raíz del escandaloso robo del Banco Minero.

En suma, la situación nacional sigue siendo preocupante por el gran número de sublevados al legítimo gobierno, pues incluso dentro del mismo Ejército "sotto voce", se critica al Presidente y las defecciones aumentan, empezando por Orozco, siguiendo con los hermanos Vázquez Gómez y continuando con los generales Reyes, Félix Díaz y el propio Zapata.

La pregunta angustiosa es: ¿que el pueblo mexicano sólo puede estar en paz con una dictadura como la de don Porfirio?

Creo que hemos oscilado de un extremo a otro. Cierto es que aquella frase de don Porfirio: "¡Mátalos en caliente!", era demasiado drástica, pero el señor Madero —a juicio de sus propios amigos— se pasa de buena gente.

Existen en la política cosas que me desconciertan: primero: si el señor Madero ganó las elecciones de forma abrumadora, ¿cómo es que ahora brotan tantas sublevaciones?

Otra: ¿cómo es posible que el señor Madero no mueva un dedo por liberar de la prisión a Villa, quien pudiera serle de gran utilidad? ¿O es que ya se olvidó tan pronto de quienes exponiendo la vida le dieron el triunfo?

Una más: durante la dictadura de don Porfirio obligó con látigo a la mayoría de los periodistas a guardar silencio o a adularlo; ahora bien, esos mismos en lugar de agradecer la libertad de prensa, la aprovechan para difamar con saña al señor Madero y éste permanece con los brazos cruzados.

Septiembre 14.

Chihuahua se prepara ante el aniversario de la Independencia. Hay calma tensa en la ciudad, pues Pascual Orozco sigue en pie de lucha en contra del gobierno del señor Madero, aunque el gobierno le ha asestado rudísimos golpes. Es una enorme lástima ver a lo mejor de la juventud chihuahuense caer en aras de no sé qué. ¿Una nueva dictadura?

En el Instituto Científico y Literario continúo con mis clases normalmente. Miguelito (Trillo) se revela como un pintor extraordinario. Ayer hizo un boceto del maestro Alanís y cuando éste lo vio, le profetizó un luminoso porvenir en el arte, sugiriéndole que se inscribiera en la Academia de San Carlos en la capital. Él quiere efectivamente irse a la ciudad de México, pero aún no se decide por medicina o por el arte pictórico. Mañana nos reuniremos los López (Vicente y Martín) con Miguelito para ir a la nevería "El Oso Polar" y de allí asistir a la ceremonia del "grito" que dará el gobernador.

Septiembre 17.

Como habíamos convenido, nos reunimos Vicente y Martín López, Miguelito Trillo y a última hora apareció Nicanor Palomares, para asistir a la ceremonia del "grito" enfrente del Palacio de Gobierno. En el momento culminante el señor gobernador don Abraham González agregó un "¡viva Madero!", el cual fue respondido por un coro de miles de gargantas ensordecedoras: "¡viva!", lo cual demuestra la enorme popularidad que en todo el estado tiene el Señor Presidente, a pesar de que los sectores ex porfiristas le pagan a la mayoría de la prensa nacional para que lo critique y ataque.

A las huestes de Pascual Orozco le han pegado muy duro y lo lamentable del caso es que gente muy buena —particularmente de la sierra—, se está muriendo sin ningún sentido ni beneficio para México.

Octubre 19.

¡El colmo del cinismo! Ahora resulta que el "sobrino de su tío", es decir, el general Félix Díaz, se levanta en armas también en contra del señor Madero para establecer otra dictadura, por lo menos, por otros treinta años más. Muy afortunadamente nadie lo secundó y se rindió al gobierno. Se espera lo juzgue un Consejo de Guerra, lo condene a la pena capital y se le fusile. Pero el señor Madero no dudo ni tantito que, siendo tan buena gente, se deje conmover por las lágrimas de cocodrilo de sus familiares y amigos y le perdone la vida. Muy afortunadamente, en un rasgo de patriotismo, el comodoro Manuel Azueta se negó a secundar la rebelión del sobrino del dictador. Pobre Madero, ya no ve lo duro, ¡sino lo tupido!, pues Zapata continúa en el sur volando trenes, saqueando pueblos y violando mujeres.

Octubre 31.

Lo dicho: un Consejo Extraordinario de Guerra condena al general Félix Díaz a la pena capital, pero... no se ejecuta y en vez de fusilamiento, se le traslada del puerto de Veracruz a la prisión de Santiago Tlatelolco... desde donde lo más probable es que continúe conspirando ahora que tiene como compañero al también sublevado, también general y también conservador Bernardo Reyes.

Noviembre 4.

La sublevación de Pascual Orozco fracasó; la sublevación de Bernardo Reyes fracasó también; la sublevación de Félix Díaz igualmente fracasó; y la de Emiliano Zapata igualmente hizo fiasco; sin embargo, el licenciado Aureliano González se pregunta: "¿habrán terminado ya las sublevaciones o habremos de presenciar alguna otra que no fracase?". (¡Ni Dios lo quiera!)

Por lo pronto, ya cayó la primera nevada del año y la ciudad de Chihuahua se ha vestido de blanco a menos cero grados centígrados. El Parque Lerdo parece un pequeño bosque de Navidad. Y en la sierra la temperatura ha descendido hasta 12 grados bajo cero y el único transporte es el Ferrocarril Kansas City, México y Oriente.

Aquí en la ciudad los más felices son los niños, quienes hacen monos y se tiran bolas de nieve. Mientras tanto, Miguelito Trillo me está convenciendo de que, al terminar la preparatoria —el año entrante Dios mediante—, nos vayamos a México. Él quiere estudiar al mismo tiempo medicina y pintura y yo aún me hallo indeciso si hago la carrera de ingeniero civil o contador, pero por lo pronto sigo estudiando inglés y practicando la telegrafía con mi tío Tomás, quien a veces me cede el aparato Bunnell para despachar trenes, bajo su estricta vigilancia por supuesto.

Noviembre 30.

Desde hace un mes tenemos el guajolote que bajo el cuidado de mi abuelita Conchita engorda cada día, para el 24 del mes próximo servir de exquisita cena. Con permiso de mi papá invité a Nicanor Palomares, quien tiene a su familia en Santa Rosalía, pero está trabajando de jardinero con la familia Creel y queremos que se sienta en familia. Además, forma parte de "la palomilla" de los López (Pablo, Vicente y Martín) y de Miguelito Trillo. Por cierto, Martín nos apuesta que para la Navidad, Villa quedará libre e inmediatamente se vendrá a su casa con doña Luz en la calle Décima.

Diciembre 25.

A escondidas de mi abuelita fuimos Vicente y Martín López y yo a casa de doña Luz Corral —que es muy mala razonienta—, quien se encontraba triste porque su marido no ha podido recobrar su libertad, a pesar de que le escribe cartas y más cartas al presidente Madero y el secretario de éste le contesta "que tenga paciencia, que todo se va a arreglar". Hipólito Villa está en México y telegrafió que pronto saldrá su hermano, lo cual hizo que doña Luz recuperara el buen humor y nos sirviera un exquisito champurrado, pues quiere a Vicente y a Martín como si fueran sus propios hijos, ya que dio a luz a una niña, la cual murió muy chiquita, y no ha vuelto a tener familia.

El 24 tuvimos la tradicional cena de guajolote, que resultó excelente. Nicanor le ayudó a mi abuelita a matarlo, pelarlo y prepararlo, lo cual fue un éxito. Antes de servirlo, ella —como ya es costumbre— hizo la oración de ofrecimiento dando gracias al Señor por vivir un año más con salud y bienestar. Oramos también por que el próximo año de 1913, México tenga paz y prosperidad y que ilumine al señor Madero para que gobierne bien.

Después de la cena fuimos todos, incluido Nicanor, a la misa de gallo en la Catedral oficiada por el señor obispo. Mi mamá y mi abuelita fueron las únicas que comulgaron, pues mi papá, aunque es católico, no es muy fervoroso.

A la salida nos encontramos a don Silvestre Terrazas, quien es muy amigo del señor obispo y al mismo tiempo de todos los elementos revolucionarios que estuvieron con el señor Madero, incluyendo en primer lugar a don Abraham González Casavantes y a los licenciados José Mena Castillo y Aureliano González.

Se comentó que a iniciativa de don Abraham González, se le enviaron al señor Madero más de cincuenta mil firmas que anduvieron juntando Guadalupe Gardea, Miguel Saavedra, Andrés Rivera, Pablo López y otros, entre Chihuahua y Durango, para pedirle al señor Madero el indulto a Villa, por lo cual se tiene fe en que se libere pronto.

Diciembre 31.

¡Villa se fuga! Esta noticia recorre todo el país como reguero de pólvora. Paradojas de la vida: los dos hombres que le dieron con las armas en la mano el triunfo al señor

Madero, andan el uno —Pascual Orozco—, levantado en armas y el otro —Villa—, prófugo de la justicia.

Por lo pronto, Villa se ha vuelto "ojo de hormiga" y por cuanto a Orozco se refiere, no se le ve muy promisorio porvenir, pues ahora derrotado lo mejor que pudiese hacer sería pedir una amnistía.

1913

Enero 5.

La cuarta nevada de la temporada ha caído y eso que apenas empieza el invierno. En los medios políticos se especula: ¿cuándo aparecerá Villa? Y cuando lo haga, ¿seguirá fiel a Madero o, al igual que Orozco, se levantará también en armas? Por lo pronto, muchísima gente lo sigue. Vicente López me pidió que lo ayudara a juntar las 50 000 firmas en su favor y le ayudamos con mucho entusiasmo Miguelito Trillo, Nicanor Palomares, Guadalupe Gardea, Miguel Saavedra y muchísimos amigos más de Chihuahua, Parral, Santa Rosalía, Jiménez, Ciudad Juárez y todo el estado de Durango. Pero lo extraño es que ni con esas firmas el Presidente movió un dedo en su favor.

Enero 22.

¡Ya apareció Villa! No sé cómo le hizo, pero se fugó de la prisión militar de Santiago de Tlatelolco, donde aún permanecen los generales Bernardo Reyes y Félix Díaz, y como van las cosas no me sorprendería que al rato también ellos emprendieran la escapatoria.

Lo más preocupante es que en cuanto llegó Villa a El Paso, se comunicó con el gobernador don Abraham González para avisarle de un nuevo complot para derrocar al señor Madero. El ambiente político en el estado no puede ser más tenso. Desde El Paso, Villa se comunicó con el licenciado Llorente, cónsul general en esa ciudad, para comunicarle el complot militar que se prepara en contra del Presidente. Hizo lo mismo con don Abraham González, pero a la fecha no se han tomado ningunas providencias. Tal parece que el señor Madero vive en el limbo.

Febrero 16.

¡Ya sucedió! El complot de los militares en contra del señor Madero ya estalló en la ciudad de México. El traidor del general Bernardo Reyes pagó con su vida su infame ambición, pues quiso tomar el Palacio Nacional, después de que se le perdonó la vida y recibió un balazo en la cabeza.

Uno de los "borregos" que anda circulando es que el autor intelectual de todo este movimiento es nada menos que el propio y excelentísimo señor embajador de Estados Unidos en México, ¡míster Henry Lane Wilson!, por lo cual unido al grupo de generales infieles al gobierno hacen que la cosa se ponga "color de hormiga".

Mientras tanto, Orozco en el norte y Zapata en el sur siguen echando balazos... contra todo el que se les pare enfrente. ¡Dios nos agarre confesados! (Como suele decir mi abuelita.)

El mismo gobernador don Abraham González no halla para dónde jalar. Andrés Rivera, uno de los amigos más íntimos de Villa, piensa que éste no tarda en aparecer por estos lares. Mi papá, por lo pronto, ha rentado en estos días más bicicletas que nunca, toda vez que el chisme se desliza sobre ruedas.

Febrero 24.

¡El gobernador don Abraham González ha desaparecido! En toda la entidad se teme lo peor sobre el destino del jefe del Poder Ejecutivo. Se dice que el general Rábago en la tarde del 22 lo detuvo en pleno Palacio de Gobierno y lo mandó con una escolta militar a la ciudad de México. ¡Ojalá llegue!

En toda la entidad priva la más nebulosa incertidumbre. Ayer me encontré a los hermanos Vicente y Martín López y ambos me aseguran que es cuestión de días para la aparición de Villa en la ciudad. Por lo pronto, fuimos a la nevería "El Oso Polar", donde nos reunimos con Miguelito Trillo y los cuatro coincidimos en que don Abraham González a estas horas bien puede en compañía del señor Madero y de Pino Suárez estar a la diestra de San Pedro, sobre todo conociendo el carácter cruel y asesino de Victoriano Huerta.

Lo que continúa siendo un enigma es la actitud de Pascual Orozco, cuando se percate del crimen del Presidente.

Cuando menos en Chihuahua, las vacas, despreocupadas de la política, siguen ofreciendo su leche y su carne, pues por el contrario las oficinas administrativas del Palacio de Gobierno se encuentran prácticamente paralizadas y todos los burócratas son presa del temor de que, de un momento a otro, los corran.

Y los diputados locales, ¿qué hacen? Por lo pronto cobran sus "dietas" y se ponen sumisos a las órdenes dadas por quien les paga. ¡Qué cinismo! Ni una sola protesta por el artero crimen del Presidente y del Vicepresidente. Y parece no importarles si el señor don Abraham González se fue a Nueva York o a Pekín, pues para ellos todo es lo mismo.

Por lo pronto, corren rumores de que Manuel Chao, Toribio Ortega, Tomás Urbina y Maclovio Herrera ya preparan un levantamiento en armas desconociendo a Huerta.

Igualmente ha corrido el "borrego" de que don Venustiano Carranza estaba a punto de sublevarse contra el señor Madero e inclusive para tal efecto había invitado a Benjamín Argumedo y a Felipe Ángeles, pero ambos declinaron el ofrecimiento, por lo cual es muy posible, ahora con mayor razón, que se levante en armas... ¡contra los asesinos del señor Madero!

Febrero 26.

¡Madero, asesinado! Estos titulares no sólo se publican en el *Correo de Chihuahua,* sino en todo el mundo. Al conocerse los detalles en todo México cundió la indignación. Se señalan como los autores del crimen a Victoriano Huerta, Aureliano Blanquet, Manuel Mondragón y a... Henry Lane Wilson... ¡el embajador norteamericano!

Se dice que el embajador cubano don Manuel Márquez Sterling hizo todo lo posible por salvarles la vida al señor Madero y al licenciado Pino Suárez; incluso pidió un barco a La Habana a fin de darles asilo, pero los señores ya mencionados decidieron matarlos para que no reclamaran el poder.

Marzo 2.

El torvo asesino Victoriano Huerta, se convierte en el nuevo dictador de México. Esperamos que no sea por mucho tiempo, pues el pueblo hierve de coraje por lo que hizo este asesino. Me decía Vicente López que desde que lo conoció le cayó mal. En primer lugar, es un ebrio consuetudinario, pero, además, todo su aspecto es repugnoso. Es feo por fuera y por dentro. Nunca ve de frente, como por ejemplo don Abraham González, sino que esconde la mirada detrás de unos lentes azules. No sé cómo pudo confiar en él el señor Madero, pero —como bien dice don Aureliano González— su excesiva bondad rayaba en la ingenuidad. Y tal parece que México no está preparado para personas demasiado nobles, ya que le perdona la vida tanto al general Reyes como al general Félix Díaz, sólo para que a la primera oportunidad se le echaran encima.

El general Felipe Ángeles también estuvo preso con el Señor Presidente, pero milagrosamente logró salvar la vida, quizá por su condición de militar.

De cualquier forma, lo más seguro es que nuevamente continuará derramándose sangre por quién sabe cuánto tiempo más.

Marzo 16.

¡Villa llega a la ciudad! De inmediato manda llamar a Guadalupe Gardea, a Andrés Rivera y a los tres López: Pablo, Vicente y Martín. Ellos me invitan a participar en el movimiento en contra del asesino del señor Madero y usurpador, Victoriano Huerta.

Mucho se teme que Pascual Orozco con la aureola de héroe de la revolución maderista, ganada a pulso, la pierda y respalde al criminal y nuevo dictador, el ebrio consuetudinario Victoriano Huerta.

A su vez, Martín López nos cita a Miguelito Trillo y a mí para que hoy en la tarde vayamos a la residencia de Villa en la calle Décima. A las seis en punto llega a mi casa en la calle Segunda y Jiménez, Miguelito y cinco minutos más tarde aparece Martín, acompañado de Vicente. Como se encuentra cerquita la casa, llegamos pronto. Nos sale a recibir doña Luz Corral de Villa, la "Güera" (muy mal hablada por cierto).

La "Quinta Luz" es una casa grande, con su patio central y con un comedor amplísimo donde caben holgadamente treinta personas. Al pasar al mismo se encontraba allí Nicanor Palomares, quien al vernos nos dice: "Pasen, en este momento llega mi general".

En efecto, minutos más tarde escuchamos el tintinear de las espuelas y acompañado de Andrés Rivera y José Nieto Houston, luciendo todos mitazas de las que fabrica don Serapio Reza —el mejor talabartero de la ciudad—, aparece Pancho Villa, quien inmediatamente nos dice: "Pasen, pasen, están ustedes en su casa. A ver, Güera, trainos un chocolatito y unas gorditas. Nos acompañan, ¿verdá?".

Miguelito inmediatamente responde:

"El chocolate es más que suficiente, mi general".

–Vamos a ver, Miguelito, ¿sabes tomar dictados? ¿Qué más sabes hacer?

–Tomo taquigrafía, sé mecanografía y puedo llevar cualquier contabilidad.

–¡Ah, eso está muy bien!, pues desde hoy vas a ser mi secretario particular. Don Silvestre me ha hablado muy bien de ustedes dos. Y a ti Daniel, tu tío Tomás —quien por cierto un día me salvó la vida— te recomienda mucho. ¿Qué sabes?

–Estudio con Miguelito en el Instituto Científico y Literario. Hablo inglés, sé telegrafía y tengo elementos de contabilidad y comercio, mi general.

Se me queda viendo con esa mirada fija, penetrante y de repente suelta la risa y me pregunta:

"Y, ¿qué tan bueno eres para la pistola?".

–Malo, mi general, no le pego a un elefante a diez metros.

–Bueno, eso es lo de menos, aquí no hay elefantes, pero sí necesito un buen telegrafista. A ver, vamos a calarte, pasa a mi oficina y mándame lo que te dicte:

–Con gusto, mi general —respondí.

En un cuarto más pequeño se hallaba la oficina de mi general.

–¿Conoces este aparato, Daniel?

–Claro que sí, un telégrafo ferrocarrilero.

–Pues enciéndelo y manda este mensaje:

"Señor Tomás Urbina. Parral. Compadre. Aquí en Chihuahua. Domingo llego ésa con cuatrocientos hombres. Aguárdeme lugar convenido".

De inmediato encendí el aparato y empecé a transmitir: segundos después viene la respuesta:

"Compadre. Aquí Maclovio y Chao y ya esperámoslo domingo. Juntaremos seiscientos pelaos".

Con un lápiz escribí la respuesta y luego se la leí al general.

–¡Vaya que sí le sabes a ese aparatito, muchachito! De aquí pa'l real andarás conmigo. Ya Nicanor y Pepe Nieto me habían hablado también de ti. Ahora vamos que el chocolatito y las gorditas nos aguardan.

Su personalidad es en extremo interesante y atractiva. Cuando derrocha buen humor, se siente uno en confianza con él. Amplia la frente, negro y encrespado el pelo, espeso el bigote, cuando ríe deja entrever los incisivos manchados por el agua salitrosa, como es común en ciertas regiones de Durango y Villa Ahumada. Lo más impactante es, empero, su mirada fija, penetrante, escudriñadora del alma de su interlocutor; en todo contrastable con la de don Venustiano Carranza, quien la oculta tras espejuelos ahumados que parece que se esconden y uno no sabe nunca si lo están viendo o no.

> Desde el año pasado yo sabía que Huerta se le iba a voltear al chaparrito. Pero él era demasiado bueno y aunque sus hermanos Gustavo y Raúl, igual que yo, se lo advertimos, no nos hizo caso y allí están las consecuencias ¡Ah!, pero esto no se va a quedar así. Crucé el río Bravo con nueve hombres y ya tenemos listos más de tres mil. Y en unos meses habremos de acabalar arriba de veinticinco mil, pero de muy buenos pelaos. Todos buenos jinetes y buenos tiradores. Y tú, Daniel, si como sabes andar en bicicleta, sabes montar, llegarás muy alto. Tengo infinidad de amigos en Coahuila, Zacatecas, Sinaloa y Durango que nomás están esperando un chiflido mío para levantarse. El ideal de la revolución no puede quedar en los suelos por un borracho asesino como Huerta. Por eso los invito a que me sigan y no descánsenos hasta que caiga él o cáiganos nosotros. Todo el pueblo de México nos apoya, con la excepción de unos cuantos riquillos que nos voltearon a Pascual Orozco, lo cual me puede mucho porque trai muy buenos pelaos, pero ni modo. Así que, ¿qué dices Miguelito?

–Mi general, cuente usted conmigo hasta la muerte —respondió él.

–Así me gusta. Miren, ahí están los hermanos López: Pablo, Vicente y Martín. Ellos son como si fuesen mis propios hijos. Y todos nosotros semos como una gran familia. Yo necesito gente de mucha, mucha confianza como Guadalupe Gardea, Miguel Saavedra, Andrés Rivera y Pepe Nieto. Gente que sé que nunca me van a fallar.

–Así que por lo pronto váyanse y descansen, que los voy a necesitar pasado mañana en punto de las seis de la mañana, y ya les diré entonces cuáles van a ser las instrucciones.

Marzo 17.

¡Don Abraham González, asesinado!

Esta estrujante noticia apareció hoy en el *Correo de Chihuahua*. Y aunque sorpresiva, ya mucha gente temía que el nuevo dictador Victoriano Huerta lo hubiese matado como hizo con el señor Madero y con el licenciado José María Pino Suárez. En la ciudad ha crecido al máximo límite la indignación y yo mismo, ya sin la ilusión de formar un hogar con la francesita que ni en el mundo me hizo, Jane-France Picard, prefiero ofrendar mi vida a un ideal: la libertad de mi Patria, pues se ha derramado sangre en Ciudad Juárez para derrocar a un dictador y cuando apenas disfrutábamos la incipiente democracia, aparece el torvo asesino de Victoriano Huerta para usurpar el poder y convertirse en un nuevo dictador, quizá con la pretensión de permanecer otros treinta años en el Castillo de Chapultepec.

El licenciado José Mena Castillo acaba de comentar que costará un torrente de sangre derrocar a Victoriano Huerta, pues tiene todo el Ejército federal a sus órdenes, pero igual lo tenía don Porfirio.

Hoy hablé con mi tío Tomás y adivinando mi pensamiento me pregunta:

"¿Te vas con Villa?".

–Sí, tío, usted tiene esposa e hijos a quien les hace falta; en cambio, nadie me necesita a mí y no podemos permitir que un ebrio y asesino hunda nuevamente a México en otra dictadura. Y miles de mexicanos piensan igual. Le pediré su bendición a mi mamá, pero ya no hay nada que pueda hacer cambiar mi decisión.

–¿Ya pensaste en el dolor que a tus padres les causaría si algo te pasara?

–Sí, tío. Más dolor le causaría a los López si los tres hermanos, Pablo, Vicente y Martín, cayeran en la lucha.

Luego de meditar un rato, comentó:

"Eres joven e idealista y sé que tu decisión es irrevocable. Sólo me resta pedirle a Dios que te proteja".

–Muchas gracias, tío. Ahí le encargo que esté pendiente de mi hermana Sara, mis papás y mi abuelita. Yo de donde ande me estaré comunicando con usted. Mi general Villa quiere que le sirva como telegrafista en el cuerpo de Dorados.

Marzo 31.

A las cinco de la mañana pasó a mi casa Nicanor Palomares con dos buenos caballos. Sigilosamente me vestí, monté uno y nos dirigimos a la casa del general Villa. Pablo López ya nos esperaba en la puerta:

"Pasen muchachos que orita los recibe el general. Aquí están ya Vicente y Martín".

Al entrar al comedor nos recibe con una ancha sonrisa doña Luz, diciéndonos:

"Siéntense muchachos, orita llega Pancho".

Antes de cinco minutos, escoltado por Martín y Pablo López, precedido por el tintinear de las espuelas de plata, llega el general:

"Buenos días, muchachos. ¡No se paren, están en su casa! A ver, Güera, los muchachos van a tener que desayunar bien, pues nos aguarda una larga jornada".

Los tres López, Nicanor, Pepe Nieto, Miguelito Trillo y Guadalupe Gardea, dimos buena cuenta de los huevos con jamón, frijoles con queso, tortillas de harina y café con leche, mientras el general nos explicaba:

> Todo Chihuahua es un polvorín. Si ya había una gran indignación con el asesinato del señor Madero y Pino Suárez, ahora imagínense con el crimen de don Abraham González. En Santa Isabel nos aguarda Andrés Rivera con 400 pelaos. Y en Bustillos a estas horas se habrán juntado otros 300. En Parral, Maclovio, junto con mi compadre Tomás Urbina, habrán de reunir no menos de mil. Y todavía falta la gente de Toribio Ortega y la de Trinidad Rodríguez. Total, antes de terminar el año seremos dueños de todo Chihuahua.

Mayo 15.

Antier tuvimos nuestro primer hecho de armas en Estación Conchos en contra de la Federación. Aunque el general Villa me pidió que estuviera cerca de él, Martín López me dijo que le cuidara las espaldas junto con su hermano Vicente, mientras Pablo y él, carabina en mano, se lanzaban en gran ímpetu contra el enemigo.

Admiré en esta acción de armas el temerario valor de los hermanos Pablo y Martín López, quienes fueron los primeros en lanzarse sobre los soldados federales. Afortunadamente, a pesar del tiroteo enemigo, salieron ilesos.

–¿Eres tú el sobrino de Tomás Delgado? —me pregunta un joven agradable, a quien ya había visto junto con Pepe Nieto cerca de Villa.

–Sí, señor, ¿usted cómo se llama? —pregunté al concluir la acción de armas.

–Soy Baudelio Uribe.

–Pues mucho gusto en conocerlo.

–¿También tú sabes telegrafía?

–Sí, señor, mi tío Tomás me enseñó.

–Pues se me hace que le vas a ser muy útil a mi general.

–Como usted ordene.

Apenas tuvimos en esta acción de armas dos muertes y siete heridos en contraste con las bajas que le hicimos al enemigo. Preocupación fundamental del general Villa fue inmediatamente darle atención a los heridos, rápidamente atendidos por el doctor Villarreal, médico de toda confianza del general.

Mayo 22.

Al caer la tarde de ayer entramos a Santa Rosalía de Camargo en medio de un gran entusiasmo popular, pues los niños de la escuelita nos recibieron con un coro agitando pequeñas banderitas tricolores, mientras la banda de música hacía alegremente vibrar "El zopilote mojado", una de las piezas predilectas de Villa.

Rosalío Hernández, con el grupo recién formado "Leales de Camargo", salió a recibirlo y se le brindó un suculento banquete. Nosotros, la tropa, nos quedamos afuera, pero escuchábamos a cada rato los ¡viva Villa!, y al terminar, "El zopilote mojado" de nueva cuenta, así como el Himno Nacional.

Mayo 23.

Hoy por la mañana, a las siete, me busca Miguelito Trillo, diciéndome:

"Daniel, el jefe quiere verte".

De inmediato salimos para la casa donde se hospedaba el general, quien al vernos nos dice:

"Pasen muchachos. A ver tú, Daniel, ¿qué tan bueno eres pa'l telégrafo?".

–Lo que usted ordene, mi general.

–Pos' vamos a ver si le inteliges, me urge una conferencia con Toribio Ortega en Ojinaga.

En la misma casa había un telégrafo instalado y lo probé con buenos resultados. Establecida la comunicación con Ojinaga pedí poner al telégrafo a Toribio Ortega por órdenes de Villa.

Durante más de veinte minutos estuve telegrafiando la conversación entre ambos y al término de ésta, sonriendo me dice el general:

"Muy bien, muchachito. Ya veo que usté le intelige al aparatito. De aquí pa'l real serás mi telegrafista personal. Orita nos vamos a desayunar".

Minutos más tarde se nos unieron Rosalío Hernández, Praxedes Giner, Ricardo Michel, José Nieto y Pablo López. Se habló durante más de una hora de la campaña a emprender y la posibilidad de tomar la ciudad de Chihuahua.

Al salir a pasar revista, ya estaba la banda municipal tocando naturalmente "El zopilote mojado" y otras alegres piezas sólo interrumpidas por los constantes gritos de ¡viva Villa!

Mayo 31.

Antier se libró un magnífico combate en contra de mil quinientos federales, combinados entre soldados y orozquistas. El general Villa nos ordenó a Miguelito Trillo, a Martín López y a mí que permaneciésemos cerca de él. A un descuido Martín se montó y como flecha se fue tras Pablo y Vicente, quienes se lanzaron directamente al frente con tal ímpetu que, a pesar de la superioridad numérica, rompieron el centro y en menos de tres horas la victoria se había consumado.

Villa todo el tiempo estuvo, con gran arrojo, recorriendo la línea de fuego. Cuando regresó a donde estábamos Miguelito y yo, preguntó:

"¿Ontá Martín?".

A lo cual repliqué:

"Se fue tras Pablo".

–Mira qué diantres de muchacho —y continuó su recorrido bañado en sudor.

Esta acción nos produjo un tren, ocho cajas de granadas para cañones y alrededor de doscientos rifles máuser, así como más de cien prisioneros, mismos que por ser "colorados" —equivalente a traidores en la opinión de Villa— fueron inmediatamente fusilados.

Con el mejor ánimo nos dirigimos a la toma de Chihuahua. Se aprovechó el día de hoy para organizar mejor el ejército. A Vicente López, Miguelito Trillo, Ricardo Michel, José Nieto y a mí, se nos incorporó en la llamada brigada "Guadalupe Victoria".

Todos estamos sumamente ilusionados con la toma de Chihuahua, pues allí viven muchas de nuestras familias, y si Dios nos presta vida tendremos el placer de abrazarlas.

Una pequeña nubecilla en el cielo: llegan los enviados de Carranza con el Plan de Guadalupe y sin siquiera felicitar a Villa por los triunfos obtenidos, le ordena que se ponga a las órdenes de un señor Obregón, de Sonora, lo cual causó enorme indignación, en primer lugar, porque en Chihuahua nadie lo conoce; en segundo, porque durante la revolución maderista ni él ni Carranza dispararon jamás un solo tiro, y en tercero, porque en Chihuahua hay suficientes hombres para hacer la revolución sin necesidad de "fuereños" que ni siquiera conocen el estado. Total: Villa se opuso a tan disparatada disposición. Y como si poco fuera lo anterior, ya mi general se puso al frente de un magnífico ejército de varias brigadas y varios miles de hombres, revelándose además como un magnífico organizador.

Nos encontrábamos en el simpático pueblo de Ascensión, cuando apareció un gringo, Emil Holmdahl, con un pequeño contingente de paisanos para incorporarse al cada vez más numeroso ejército villista.

Cerca de Santa Isabel viene un fuerte contingente de "colorados" al mando de Félix Terrazas a atacarnos. Se traba un encarnizado combate durante 18 horas, el cual termina con otro triunfo nuestro y se obtiene de botín más de cuatrocientos rifles máuser .7 mm, 20 000 cartuchos y cinco trenes con bastantes provisiones, las cuales ordenó Villa repartir entre la población civil.

Lo más triste es que 237 "colorados" fueron fusilados de acuerdo con las instrucciones de Carranza, según una ley de la época de Juárez. Digo que es triste contemplar el fusilamiento de varios cientos de chihuahuenses, cuyo error ha sido apoyar la dictadura de Huerta.

Al término del combate me ordena Villa telegrafiar a Carranza del triunfo militar, a lo cual me acusó recibo el Primer Jefe con un seco "enterado".

Villa empezó a repartir maíz, frijoles, azúcar y provisiones entre las clases bajas de las poblaciones que ocupa y va convirtiéndose rápidamente en un auténtico ídolo popular. Su contingente crece día a día con gente de los ranchos y de la sierra. Además, se les empieza a dar instrucción militar a cargo de los ex oficiales de la Federación que se han pasado a nuestras filas.

Lo más impresionante de todo es el entusiasmo de la gente.

En cuanto a Villa, cada día nos cobra más confianza a los tres López, a Nicolás Fernández, a Miguelito Trillo, a la inseparable pareja Ricardo Michel-José Nieto y a mí. Ahora concibe la audaz idea de ir a tomar Torreón.

Junio 13.

Vamos a tomar Chihuahua, la cual se encuentra fuertemente defendida por el Ejército de la Federación. Se logra poner sitio a la ciudad, pero no se puede pasar por allí. Repentinamente nos ordenó el general salir con rumbo a Santa Isabel a enfrentarnos a un ejército enemigo, el cual se dispersa mientras a este lugar continuaba llegando gente a darse de alta con el general Villa, contando ya con varios miles de hombres que fueron repartidos en diversas brigadas, tocándome a mi estar con Ricardo Michel en la brigada "Guadalupe Victoria".

Julio 6.

Cada vez más numeroso el cuerpo del ejército por los cientos de voluntarios que constantemente se nos unían, vio más factible volver a atacar la ciudad de Chihuahua defendida por el general Salvador Mercado, por lo cual el día primero empezamos el ataque, y aunque al principio fue muy duro y tuvimos bastantes bajas, poco a poco fuimos ganando terreno por el río Chuvíscar, hasta que finalmente los federales salieron huyendo rumbo al sur.

Aproveché, ya en la noche, para ir a mi casa, pues no me esperaban y por primera vez en muchas semanas logré plácidamente dormir en mi cama diez horas de un tirón, pues llegué bastante fatigado.

Varios días estuvimos en la ciudad durmiendo y comiendo bastante bien hasta evacuar de nuevo la ciudad.

Julio 8.

El coronel Juan N. Medina, hombre culto, altamente responsable y muy organizado, se incorpora a las fuerzas del general Villa y de inmediato procede —de acuerdo con su propia experiencia— a disciplinarlas y a darle la formación que todo ejército debe tener, por lo cual se le estima un elemento altamente valioso, tanto en el aspecto administrativo como en la estrategia de guerra.

Las fuerzas villistas constantemente se incrementan en todos los pueblos que vamos tomando, pues existe una tremenda indignación en contra del borracho de Victoriano Huerta por tantos crímenes, muy especialmente del señor Madero, presidente de la República; su vicepresidente, el poeta Pino Suárez, así como nuestro muy querido gobernador don Abraham González —todos ellos hombres ilustres—, quienes no cometieron más delito que ser idealistas y servir a México.

El día de ayer en un combate de menos de dos horas tomamos Estación Bustillos y ahora nos encaminamos rumbo a la Sierra Madre.

Agosto 27.

En forma impresionante sigue engrosándose la fuerza villista, muy especialmente con rancheros de todas partes del estado, desde los poblados del norte como Guadalupe —muy cerca de Ciudad Juárez—, Villa Ahumada, Santa Rosalía, Jiménez y Parral.

En este mes hemos tenido tres breves combates: el 8 en Estación Díaz, Chihuahua; el 25 en San Antonio de los Arenales y, finalmente, el día de ayer en San Andrés, donde salió herido Martín con una bala en el hombro derecho. Lo atendió el doctor Samuel Navarro y dice que si en lugar de 7 mm hubiera sido una bala expansiva 30-30, adiós brazo; pero Martín, siempre sonriente, parece no sentir el dolor y se niega a guardar reposo.

Nicanor tuvo más suerte, pues le destriparon el caballo —probablemente una ametralladora—, pero a él no le tocaron ni el pelo. Parece ser que nos vamos a mover más hacia el sur.

Septiembre 30.

Las pocas bajas que en las últimas semanas hemos tenido han sido suplidas muy ventajosamente con nueva gente que se ha dado de alta; algunos con caballos y otros sin rifles ni pistolas, pero todos son bien recibidos y aquí se les proporcionan monturas y armas, ya sea con las de los heridos y muertos o con las que les quitamos al enemigo.

Del 15 al 17 de septiembre atacamos Estación Santa Clara —ya en el estado de Durango—, donde estaba una brigada del enemigo, pero afortunadamente los vencimos y les arrebatamos armas y parque, y el día de ayer tuvimos otro combate en Avilés, Durango, y de nueva cuenta ganamos, haciéndolos huir y dispersarse. Pero aquí sí estuvo mucho más reñido el combate, pues perdimos algunos hombres y de nueva cuenta Martín recibió otra bala en el lado derecho del tórax, que afortunadamente no le tocó ningún órgano vital. Lo volvió a atender el doctor Navarro, que se ha hecho querer por toda la tropa por lo servicial, valiente y magnífico cirujano. Dios lo conserve, que mucha falta nos hace.

Octubre 11.

Contando con alrededor de 5000 soldados, el general Villa nos lanzó sobre Torreón, dando instrucciones de atacar por diferentes rumbos: a mi brigada —la "Guadalupe Victoria"— nos tocó el cerro La Polvorera iniciando la acción el día 5. Con las demás se puso el sitio y fue muy larga y sangrienta, pues perdimos muchísima gente.

El general ordenó el ataque final la noche de antier. Andrés Farías se cayó del caballo con una herida en el brazo izquierdo y otra en la pierna derecha y se descalabró, pero afortunadamente ha sido muy leve y bien atendido, y parece que en una semana se volverá a unir con nosotros.

El choque final fue tremendo: los federales se defendieron desesperadamente, pero el golpe de gracia lo dio la escolta de Villa, la cual arrolló a los defensores, que salieron huyendo por todos lados aprovechando la oscuridad de la noche, aunque muchos quedaron atrapados y se rindieron.

Si tuvimos muchas bajas, más las tuvo el ejército huertista, pues perdieron alrededor de 600 soldados y quién sabe cuántos heridos. A su vez, el botín fue bastante considerable: cañones, ametralladoras, rifles, municiones, etcétera. Además, nos apoderamos de algunas máquinas de tren con sus carros respectivos de carga y pasaje.

Lo triste de este combate es que el sanguinario Rodolfo Fierro reclamó a todos los orozquistas para fusilarlos. Y esto es una muy grande lástima, pues todos ellos son chihuahuenses, de la región serrana de Ciudad Guerrero, San Isidro, Tomóchic, etcétera, y su error fue levantarse contra el señor Madero y adherirse al borrachín de Victoriano Huerta. Este hecho lo comenté hoy con Miguel Saavedra y ambos estuvimos de acuerdo en que en lugar de matarlos podríamos incorporarlos a nuestras fuerzas.

Noviembre 1°.

Después de la estupenda Victoria de Torreón, ordenó mi general la contramarcha a Chihuahua. ¡Qué diferencia viajar en el cómodo tren cantando y haciendo bromas a las infernales cabalgatas a la intemperie! Ya el frío empieza a calar.

Llegamos a Jiménez —en el estado de Chihuahua— donde el pueblo nos recibió con enorme entusiasmo. El solo nombre de Pancho Villa despierta el más enardecido entusiasmo en todos los sectores de la población. Hubo serenata y baile, pero cuando más alegres estábamos ordenó mi general proseguir la marcha al norte.

Parece que quiere tomar la ciudad de Chihuahua. Nos acompañan los generales Maclovio Herrera, Eugenio Aguirre Benavides, José Rodríguez y Rosalío Hernández. La ciudad está defendida por Pascual Orozco y Marcelo Caraveo, la cual se encuentra muy fortificada. A mí, en lo particular, me daría mucho gusto ocuparla, pues allí vive mi familia.

Noviembre 19.

El día 9 empezamos el ataque a la ciudad de Chihuahua, fuertemente defendida por Salvador Mercado y los orozquistas, pero pronto llegó la dama fortuna en ayuda de mi general.

El tren de carga que portaba carbón desde Ciudad Juárez fue capturado por nosotros y Villa concibió de inmediato un audaz plan; desalojó el carbón y en su lugar subió a la brigada "Morelos", capturando al telegrafista, poniéndole una pistola en la cabeza el propio Villa, al tiempo que le decía: "Avise a Ciudad Juárez que las vías al sur están levantadas y pida instrucciones. ¿Cuál es la clave? Aquí Daniel Delgado es telegrafista y al primer error, se muere".

El aterrorizado telegrafista señala que la clave es la letra "k" (- . -) del alfabeto Morse. Pide instrucciones y se le responde que se regrese reportándose en cada estación. Así fuimos avanzando toda la noche hasta llegar a la estación en la madrugada. No había nadie a nuestra llegada y casi todos los oficiales andaban de parranda en los diversos centros de diversión, principalmente en la calle del Comercio.

Los generales José Rodríguez y Maclovio Herrera apenas encontraron débil resistencia y las fuerzas del cuartel se rindieron antes de salir el sol.

Otra vez la triste nota: los prisioneros orozquistas con su jefe, el coronel Portillo, son fusilados. Pero hubo un noble gesto de Villa: le debía un favor al jefe de la Guarnición, general Francisco Castro, y se lo pagó, permitiéndole ponerse a salvo en El Paso, Texas, escoltado por Andrés Farías y Teodomiro Ortiz.

A las once de la mañana la banda del 15 batallón con sus 40 integrantes recorrió la avenida Juárez tocando canciones revolucionarias, mientras el pueblo le aplaudía lanzando muy espontáneamente "mueras" a Huerta y "vivas" a Madero y a Villa.

Lo primero que hice fue comunicarme con mi tío Tomás para darle la buena noticia telegráficamente. La prensa norteamericana ante un triunfo tan sensacional puso por las nubes al general Villa llamándolo el "Napoleón mexicano".

Además, se capturó una batería de artillería y una sección de ametralladoras, así como todas las armas de la infantería, principalmente rifles máuser 7 mm. Pero, además, con el dinero recogido en las casas de juego, se compraron en El Paso, Texas, uniformes y armas.

Se prepara ya un magno desfile para mañana, aniversario de nuestra revolución.

Noviembre 27.

El general Villa me ha cobrado tal confianza que me procura constantemente y quiere que esté cerca de él para enviar sus mensajes telegráficos. Cuando le comunicamos al Primer Jefe nuestro triunfo en Ciudad Juárez, se sorprendió, pues nos hacía peleando en Chihuahua.

Antier se ha consumado otra grandísima victoria del general Villa: Tierra Blanca, la cual lo sitúa como el mayor general de México. En cuanto ocupamos Ciudad Juárez, inmediatamente supusimos que vendrían los federales a tratar de recuperar la ciudad, pero Villa no se durmió en sus laureles, sino que empezó a organizar el futuro combate en contra de Salazar.

Los federales al mando del general Salazar serían como unos cinco mil quinientos hombres y los villistas, alrededor de 6000. El encuentro se inició el 23 en pleno llano con terrible encarnizamiento por ambas partes, con su duelo de artillería y cargas de caballería durísimas, hasta que se quebró el centro enemigo y empezó una retirada, que después se convirtió en franca huida.

La proeza más notable se la adjudicó Rodolfo Fierro, quien al advertir que el tren enemigo pretendía retirarse, a caballo y desafiando una lluvia de balas, alcanzó la máquina y paró la marcha del tren lleno de federales, mientras la caballería villista inmediatamente alcanzó al enemigo que pretendía retirarse e inició una espantosa carnicería.

El resto del Ejército federal derrotado emprendió la fuga rumbo a Chihuahua y el general Salvador Mercado, a su vez, organizó una precipitada huida con rumbo a Ojinaga.

"El sol de Austerlitz brilló en Tierra Blanca" fue el encabezado del *Correo de Chihuahua* en un excelente editorial donde pone por las nubes al general Villa, comparándolo nada menos que con Napoleón Bonaparte, haciendo un parangón entre las geniales estrategias de ambos generales (ojalá estos comentarios los lea el Primer Jefe).

Yo estuve pegado al telégrafo todo el tiempo enviando y recibiendo mensajes en la oficina de Ciudad Juárez y en cuanto el triunfo se consumó, se lo hice saber a mi tío Tomás en la ciudad de Chihuahua, a donde seguramente partiremos muy pronto.

Diciembre 10

Chihuahua, nuevamente. Hemos sido recibidos como héroes por toda la población, no sólo Villa sino Toribio Ortega, José Rodríguez, Rodolfo Fierro y Maclovio Herrera, así como los coroneles, oficiales y demás tropa.

Honor a quien honor merece: los hospitales de sangre de El Paso, Texas, se portaron en forma magnífica atendiendo gratuitamente a nuestros numerosos heridos —varios cientos—, pero eso no es todo. Diversas casas comerciales donaron ropa y zapatos para nuestros soldados. Finalmente, un grupo de enfermeras americanas, encabezadas por tres médicos gringos, se portaron heroicamente, atendiendo a nuestros heridos en pleno fragor de la batalla.

El general Villa se ha convertido en el nuevo gobernador —militar— de Chihuahua. Su nombramiento ha sido firmado por los generales Maclovio Herrera, José Rodríguez y Manuel Chao.

Pero lo mejor de todo es la designación del gran amigo de mi tío Tomás, don Silvestre Terrazas, como secretario general de Gobierno, íntegro, inteligente y con un valor civil a toda prueba, pues fácilmente se lo pudieron haber "tronado" por haber sido el único periodista de México en publicar la histórica convocatoria para levantarse en armas el domingo 20 de noviembre de 1910.

Como si fuera poco lo anterior se designó tesorero al inmaculado don Sebastián Vargas, suegro del distinguido abogado don Aureliano S. González, y el profesor y general Manuel Chao tomó el puesto de interventor.

Diciembre 26

El cócono engordado desde septiembre fue sacrificado en suculenta cena preparada por mi abuelita Conchita. Invitados estuvieron mis magníficos amigos Vicente López y Nicanor Palomares. Como ya es tradicional, se hizo el ofrecimiento orando por una próxima paz —una vez derrocado el asesino Huerta—, lo que sin duda se llevará a cabo el próximo año.

El ambiente de la ciudad ha sido alegre a partir de las clásicas "posadas" y en todos los hogares ya se instalan los "nacimientos" y se brinda por un próspero año nuevo, donde reine la tranquilidad y el progreso.

Los federales y orozquistas se refugiaron en Ojinaga, pero en cuanto mi general Villa los enfrente, todo el estado de Chihuahua quedará limpio de huertistas. Por lo pronto, ya están saliendo los primeros contingentes al mando de Toribio Ortega y Pánfilo Natera a tomar la plaza.

1914

Enero 1°.

Este año se presenta bajo los mejores augurios para Chihuahua, México y Villa. Lo primero, porque, a excepción de Ojinaga —y sus días están contados—, todo el estado está en manos de la revolución constitucionalista; lo segundo, porque ya se vio en Tierra Blanca que el Ejército federal se halla desmoralizado y no tiene un general de la estatura de Francisco Villa; y lo tercero, porque todos los augurios le son favorables para derrotar a las fuerzas de Victoriano Huerta, quien debería abandonar el poder ante la indignación nacional.

Como gobernador ha demostrado una gran energía: ha fundado no sé cuántas escuelas públicas, ya enderezó toda la avenida Independencia, dándole una vista más bonita a la ciudad y abarató todos los alimentos para que las clases pobres tengan acceso a la carne de res; lo mismo que al azúcar, frijol, maíz y café, obligando a los comerciantes voraces a bajar sus precios.

Mi abuelita le reza a la Virgen de Guadalupe "para que lo ilumine". Yo prefiero pensar que don Silvestre Terrazas y don Sebastián Vargas lo conduzcan por la senda del bien.

Enero 13.

En menos de dos horas se ha logrado el triunfo en Ojinaga. Basta la presencia de Villa en la junta de los ríos Conchos y Bravo para que sus caballerías se lanzaran sobre los huertistas, quienes no tardaron en tirar sus armas y lanzarse al río fronterizo.

Pascual Orozco, Marcelo Caraveo y Salvador Mercado salieron huyendo como alma que lleva el diablo, dejando todo un arsenal en nuestras manos. Tomada Ojinaga me ordena comunicarle la grata noticia al Primer Jefe, quien contesta con una lacónica felicitación.

Mañana salimos por la vía férrea a la ciudad de Chihuahua, que nos aguarda con los brazos abiertos. Yo, feliz de volver con mi familia, pues mi abuelita Conchita se la pasa rezando por mí, aunque en estricto sentido yo no he estado en la línea de fuego, sino más bien pegado a mi aparato del telégrafo.

Lo más triste en la toma de Ojinaga es que en los primeros encuentros cayeron 130 villistas prisioneros de los federales, mismos que por órdenes de Salvador Mercado fueron fusilados antes, desde luego, de que hiciera acto de presencia el general Villa, quien ásperamente regañó a Natera y a Ortega por haber permitido esta atrocidad.

Febrero 16.

Hemos pasado unos días muy agradables en la ciudad de Chihuahua, pues ya se acabaron las nevadas y únicamente queda un aire fresco, casi primaveral.

Entretanto, el general Villa se ha convertido en un torbellino de organización: ha formado varias brigadas para ponerlas a las órdenes de sus más calificados generales: Trinidad Rodríguez, Manuel Chao, Maclovio Herrera, José Rodríguez, Pánfilo Natera y Miguel González, entre otros.

Grata noticia: llegó de El Paso, Texas, un compacto grupo de seis gringuitas calificadas como eficaces enfermeras bajo la dirección de tres médicos americanos, quienes a su vez se coordinarán con nuestro bondadoso y querido "Chonito" —Encarnación Brondo Whitt—, quien, a pesar de una cierta incapacidad en el brazo derecho (le llaman "distrofia muscular" los entendidos), es un distinguido, cuanto eficacísimo cirujano. Mañana se les dará un banquete de bienvenida y mi doctor Brondo me ha pedido que les ayude a su organización, a lo cual de mil amores accedo y, además, le pediré a Vicente López que me auxilie.

Han llegado unos enviados del Primer Jefe a "conferenciar" con el general Villa: el licenciado Luis Cabrera, otro de nombre Francisco Escudero y un tal Eliseo Arredondo; por cierto, el general Villa les ofreció un banquete en el cual brindaron por los triunfos del Ejército constitucionalista y volvieron a brindar hasta que el último de los nombrados obtuvo su séptimo grado de ebriedad, y a ciencia y paciencia de Luis Cabrera y Francisco Escudero empezó a insultar a Villa, diciéndole: "Óigame, general, me han dicho que es usted muy matón y voy a ver si a mí me mata". Al fin perdió la paciencia y le replicó: "Usted ni es hombre ni valiente ni otra cosa que un desgraciado borracho que me está fastidiando, y le advierto que no lo mando fusilar en el acto por la representación que tiene de mi jefe, don Venustiano Carranza".

Gracias a Dios en ese momento intervino don Silvestre Terrazas y tomándolo del codo le dice: "Vámonos de aquí, mi general, que este borracho no sabe lo que dice" y al salir aún le replica Villa: "Sí, don Silvestre, pero usted sabe que los locos y los borrachos siempre dicen la verdad".

Lo más extraño del caso es que ni el licenciado Luis Cabrera ni Francisco Escudero intervinieron en lo absoluto y tuvo que ser don Silvestre quien sacara al general de tan embarazosa situación.

Otra muy curiosa: el señor Francisco Escudero le pidió al general Villa que se pusiera militarmente bajo las órdenes de un señor Obregón que vive en Sonora, a lo cual le replicó:

> "Al único Obregón que conozco es al viejito don Epigmenio que vende elotes en la Plaza Hidalgo, pero dígale

> al Primer Jefe que mi ejército no acepta 'fuereños' que ni siquiera conocemos y ¿dónde estaba ese señor cuando Orozco y yo nos partíamos la madre en la toma de Ciudad Juárez?

Todos los demás generales villistas en forma unánime apoyaron su postura, pues juzgaron la orden de Carranza totalmente absurda. Algunas cosas que evidencian la absoluta falta de apoyo y aprecio a Villa: siguiendo el ejemplo de Maquiavelo (divide y vencerás), Carranza estimuló a Manuel Chao para que desobedeciera al general, por lo cual éste en un momento dado amagó con fusilarlo, lo cual al final de cuentas no se ejecutó y por el contrario, se llegó a un final feliz cuando don Silvestre Terrazas, con sumo tacto, ofreció un banquete a Carranza, Chao y Villa, en el cual reinó la cordialidad.

Marzo 9.

El señor general Felipe Ángeles llega de Sonora y se incorpora a la División del Norte. Viene precedido de un enorme prestigio como artillero y hombre culto, habiendo sido designado como Caballero de la Legión de Honor en Francia. Originalmente fue designado por Carranza como secretario de Guerra y Marina, pero Obregón protestó alegando que era de extracción federal y se le despojó de ese cargo; entonces él pidió servir a la División del Norte, a lo cual accedió don Venustiano y así fue como llegó a Chihuahua.

Aquí se le recibió con honores —como lo merece— y la opinión de los conocedores es que se ha enriquecido nuestro ejército con tan valioso elemento. De inmediato inspeccionó todo nuestro armamento, acompañado de Martiniano Servín, Miguel Saavedra y Benito Artalejo, haciendo observaciones sumamente interesantes sobre el acero alemán con que se fabrican los cañones, así como táctica y estrategia de combate y organización de las brigadas. Habla en forma reposada, segura, convincente, con la misma seguridad de un maestro que explica la clase a sus alumnos. Ha producido una magnífica impresión ante los oficiales revolucionarios y el mismo Villa exclama: "Se ve que está muy leido y escribido".

El optimismo sobre los futuros combates contra los federales crece toda vez que el general Ángeles dio una cátedra sobre la organización de un cuerpo de ejército e hizo una magnífica exposición sobre la carrera militar de Napoleón, analizando sus grandes victorias, así como sus errores. Como si fuera poco habló minuciosamente de los generales de la Federación empezando con Victoriano Huerta, a quien conoce a la perfección.

Marzo 19.

Hemos salido de Santa Rosalía de Camargo hacia el sur. Una gran alegría contagia a toda la división y brota una nueva canción que todo mundo tararea: "La Adelita", misma que de la noche a la mañana se ha convertido en el himno de las tropas de Villa, al igual que "La Marsellesa" lo fue en las de Napoleón.

Se me acerca un gringuito simpático y me pide que traduzca al inglés las mitazas, a lo cual le explico lo mejor que puedo. Él es periodista de Nueva York y se aviene a todo con gran sencillez. Además de inteligente es valiente, pues dice que un corresponsal de guerra debe estar en el frente desafiando al peligro. Dice llamarse John Reed y ya ha hecho amistad con Ricardo Michel y con José Nieto. A todo mundo pregunta a dónde vamos y la respuesta es la misma:

"A pelear con los changos de la Federación".

Sin embargo, dada la audacia de nuestro jefe, no me extrañaría que fuéramos a tomar Torreón.

Marzo 20.

¡Vamos a tomar Torreón! El general Felipe Ángeles y Villa, se han encerrado más de dos horas a discutir los planes de ataque cuyo éxito debe quedar en manos de la artillería, pues ahora contamos con los mejores cañones del mundo montados sobre plataformas de ferrocarril de gran alcance (los que se le arrebataron al enemigo en Tierra Blanca).

Al salir de la conferencia Ángeles-Villa, la tropa los vitorea y la banda de música por enésima ocasión llena los aires con "La Adelita". Todo parece indicar que vamos no a enfrentar la muerte, sino a una gran fiesta.

Repentinamente Villa me llama, diciéndome:

"Daniel, vente, vamos a comunicarnos con Manuel Chao". Abierto el telégrafo, Villa le pide el envío de trenes con caballada y tanques de agua, así como provisiones.

Al terminar me dice: "Ya ve, muchachito, como también los telégrafos ganan batallas".

Abril 6.

El general federal José Refugio Velasco, después de la derrota de Torreón, espera hacerse fuerte en San Pedro de las Colonias, Coahuila, apoyado por Benjamín Argumedo, por lo cual el incansable Villa de inmediato organizó la División del Norte con Felipe Ángeles a la cabeza de su poderosa artillería, así como los generales Trinidad Rodríguez, Rosalío Hernández, Tomás Urbina, Maclovio Herrera y José Rodríguez, para aniquilar totalmente al Ejército federal.

A los ocho de la noche llega a mi casa Vicente López para decirme que el general Villa me llama. Llegamos a su casa y de inmediato empieza a dictarme telegrama tras telegrama: al Primer Jefe, a Pablo González, a Juan N. Medina y a otras personas de El Paso, Texas. Después de todas las conversaciones me manda a dormir, diciéndome que me junte con Miguelito Trillo para de nuevo emprender el viaje a Jiménez —por lo pronto.

Abril 7.

Nuevamente pide Villa que me comunique telegráficamente con Lázaro de la Garza. Inmediatamente lo hago para pedir provisiones, manteca, azúcar, café, etcétera, para repartir entre el pueblo de la Laguna, con lo cual se granjeó la simpatía y gratitud de los habitantes de la comarca.

La batalla ha sido terrible: un cañonazo decapitó al caballo de Maclovio Herrera; Trinidad Rodríguez tuvo que ser retirado del frente después de recibir dos balazos en el tórax; el general Calixto Contreras recibe una herida en el cuello y Benito Artalejo muere heroicamente.

A fin de allegarse más fondos, Villa puso una casa de juegos en Torreón encomendando su administración al padre de Maclovio Herrera, don José de la Luz. Alrededor de 900 gachupines que habían colaborado con los federales fueron expulsados en tren hacia El Paso, Texas.

La primera providencia de Villa es llamarme para comunicarse con nuestro Primer Jefe y comentarle esta nueva victoria, a la cual le responde con una seca felicitación. Inmediatamente después se inicia la distribución de provisiones de boca entre el pueblo que lo vitorea: café, azúcar, maíz, frijol, harina y piloncillo. Además, demostró sus dotes de organizador poniendo orden en toda la administración de la ciudad.

¡Buenas noticias! Partimos mañana a la ciudad de Chihuahua, pues tengo deseos de abrazar a toda mi familia que ya —inmerecidamente— me considera un héroe de la revolución, aunque a fuerza de ser sincero, he permanecido siempre en la retaguardia, a diferencia de los tres López, de José Rodríguez o de Rodolfo Fierro, quienes sin medir el peligro se lanzan sobre el enemigo.

Abril 13.

Se ha librado el más terrible combate de la revolución hasta ahora. Concentradas las brigadas de Toribio Ortega, José Isabel Robles, José Rodríguez, Eugenio Aguirre Benavides, Rosalío Hernández y, desde luego, el gran artillero Felipe Ángeles, una vez dispuesto el plan estratégico, se abrió fuego con un cañonazo del "Niño" montado en su plataforma de ferrocarril; siguió luego la lucha enconada, dura, día y noche, sobre un enemigo que poco a poco cedía terreno y se desmoralizaba. El Viernes Santo, día 10, se luchó desde las tres de la madrugada hasta la medianoche haciéndole una gran mortandad a las fuerzas del general Maass, y para el Sábado de Gloria no nos cabía la menor duda de nuestro triunfo. Los federales, viéndose perdidos, quemaron el Hotel México, el mercado y algunas propiedades de la familia Madero.

Entramos a la población entre miles de cadáveres y ríos de sangre. Nuestros heridos fueron inmediatamente enviados por ferrocarril a Jiménez, Camargo y Chihuahua, gracias a que la División del Norte tiene el mejor servicio sanitario del país.

Por órdenes de Villa me pongo frente al telégrafo a comunicarle al Primer Jefe nuestra gran victoria y se le pide que ordene al general Pablo González que le dé la puntilla a las dispersas y desmoralizadas tropas de la usurpación que huyeron por el rumbo de Hipólito, con lo cual el ejército de Huerta ya no nos opondría seria resistencia hasta tomar la capital.

Yo no entré al frente por estar al pendiente del telégrafo conforme a las órdenes de Villa. Por el contrario, Martín López sufrió una leve herida en el muslo de la pierna izquierda que, afortunadamente, no tocó la femoral, y es personalmente atendido por el doctor Villarreal y una simpática enfermera gringa que nos acompaña junto a otras colegas y médicos desde el combate de Tierra Blanca. También llegó herido de una bala en el hombro derecho Andrés Rivera, quien se negó a ser evacuado a Jiménez, alegando que era un rozón sin la menor importancia. La enfermera gringa, de nombre Shirlee, me pide que le ayude a vendar a uno y otro, diciéndole en pésimo español a Martín: "Estate quieto, hombre", haciendo reír a Andrés Rivera.

Lo mejor: se anuncia el regreso a Chihuahua, mientras Pablo González extermina los restos de la Federación.

Abril 21.

Sigilosamente, ya muy noche, arribamos antier a Chihuahua. Inmediatamente me fui a mi casa en la calle Segunda #2243, donde tuve que tocar repetidamente para que me abrieran. Mi mamá, al verme, se sorprendió, alcanzando a decir solamente: "¡Ave María purísima! Si eres tú". Mi papá viene detrás de ella y me abraza: "¡Ojalá que te quedes aquí!".

–No se preocupen. Ahora soy el telegrafista de mi general —les tranquilizo.

–Mañana, después de bañarte, ve a saludar a tu tío Tomás, que todos los días pregunta por ti y por Miguelito Trillo.

Ayer les expliqué cómo el general Villa mandó a Gabino Durán a hacerse cargo de las minas de Batopilas. Está haciendo acopio de todo tipo de recursos para proseguir la campaña hasta derrocar al dictador asesino Huerta.

Acompañé hoy por la mañana a Miguelito Trillo a saludar a don Silvestre Terrazas en el Palacio de Gobierno. A los diez minutos arribaron los generales Villa, Ángeles, José Rodríguez y Manuel Chao, por lo que quisimos retirarnos, pero don Silvestre tomó del codo a Miguelito, diciéndole:

"Tú, quédate aquí, que te necesito. Tú, Daniel, ve con tu tío Tomás, que todos los días pregunta por ti".

Poco después llego con mi tío y le relato todas las peripecias y me dice:

> El telégrafo se ha convertido en el nuevo sistema nervioso de la Humanidad. Por él terminó la guerra apache y ha tenido una valiosa participación no sólo en la toma de Ciudad Juárez, sino en toda la revolución. Ve cómo te ha sido útil y cómo te ha cobrado confianza el general gracias a él.
>
> Además, te tengo una buena noticia: de San Francisco me ofrecen trabajo para despachar los trenes de allá. Yo

les respondí que no puedo ir, pero que tengo un sobrino bilingüe como si fuera yo. Tienes tres ventajas:

a) Te alejas del peligro.
b) Ganas dólares en vez de pesos.
c) Conocerás unas gringas que para qué te cuento.

Yo le contesto: "Me agrada la idea, pero no podría irme hasta no acabar de triunfar la revolución. La División del Norte va imparable y ya nada la detendrá hasta la ciudad de México".

Mi tío replica: "No la podrá parar Huerta, pero Carranza sí".

–¿Cómo?

–Sí, Carranza es sumamente celoso y jamás permitirá que Villa lo opaque. Se pone lívido de rabia cada vez que llegan los periodistas y lo ignoran a él para fotografiar y entrevistar a Villa. Ayer me decía un periodista gringo, Reed, que en Nueva York el que interesa al público es Villa por sus hazañas militares y, sobre todo, por lo folklórico. Y recuerda que la envidia no perdona el éxito ajeno, y Carranza es envidioso.

Regreso a casa pensativo. Es evidente que entre Villa y Carranza no existe afecto y que su alianza es frágil. Le concedo la razón a mi tío al decir que el Primer Jefe no va a permitir que Villa se lleve la gloria de la revolución, aun cuando no haya disparado un solo tiro. ¡Ojalá cuando triunfe la revolución gocemos de una paz completa y duradera!

Abril 22.

Retorno a Chihuahua. Mi mamá llora de alegría al verme; mi hermana me sonríe y mi papá me da un efusivo abrazo, mientras se prepara la comida. Esta vez me acompaña Vicente López. Nos enteramos que los americanos han tomado el puerto de Veracruz y que el general Pablo

González no hizo nada por ultimar a los federales derrotados en Paredón.

"La Adelita" se ha convertido en la canción más popular del estado y Villa no se da abasto para atender a todos los periodistas que lo quieren entrevistar, pues ha llegado a ser el auténtico héroe de la revolución.

Ayer una señorita llamada Soledad Armendáriz lo vio para venderle un seguro de vida y él le contestó:

> Si su seguro de vida realmente lo protege a uno en contra de la vida, no sólo le compro el mío sino que aseguraré a toda la División del Norte, pues me voy a dar muchos balazos con los federales, pero mejor le doy este consejo: este seguro que me quiere vender, propóngaselo al borracho de Victoriano Huerta.

En todo el país es un clamor a Huerta que, si algo le queda de patriotismo para evitar tantas muertes, renuncie a la Presidencia y permita que el país retorne a la democracia y se dedique al trabajo.

Don Venustiano llega a Chihuahua con un fuerte grupo de políticos que siempre lo acompañan. Se rumora que Villa y Carranza tuvieron una larga entrevista que duró más de dos horas, en la cual el general le reclamó la ineptitud de Pablo González por haber perdido la oportunidad de rematar a los federales derrotados que huyeron de San Pedro de las Colonias, pues parece ser que Carranza protege a toda costa al general González.

Villa, empero, está empeñado en destruir por completo al Ejército federal y decide nuevamente la marcha de la gloriosa División del Norte al sur.

Mayo 14.

Una magnífica máquina con el número 303 será la de Villa —el primer 3, pintado de verde; el cero, de blanco; y el último 3, de rojo—, que avanza optimista dispuesto a aniquilar al ejército de la usurpación.

Nos acompaña un estupendo servicio sanitario encabezado por la eminencia del doctor Andrés Villarreal con un grupo de distinguidos facultativos como: Encarnación Brondo Whitt, Samuel Navarro y otros americanos como Charles Harle y Sam Evans. Lo apoyan 20 enfermeras, de las cuales no menos de una docena son gringuitas como: Barbara, Carole, Shirlee y compañía, todas alegres, arriesgadas y valientes, que estimulan a los hombres a ser "puntales" en la lucha que se vecina.

Así abandonamos una vez más el estado de Chihuahua y nos internamos en el de Coahuila. La moral de la División del Norte está por las nubes. Da gusto oír a las enfermeras americanas cantar alegres "La Cucaracha".

Mayo 20.

Reñida la batalla de Paredón. Las cargas de caballería de José Rodríguez y Maclovio Herrera fueron terribles y decisivas en contra de las ya desmoralizadas tropas federales. Los "colorados" de Orozco sí opusieron resistencia, pero igualmente fueron arrollados ante la carga de caballería villista. Traen herido —una vez más— a Martín López. Esta vez una bala le perforó el muslo de la pierna derecha, pero sin tocar ningún hueso. Lo atiende "Chonito" —el doctor Encarnación Brondo Whitt— ayudado por la gringuita Barbara.

—¡Quihúbole Daniel! —me dice al verme—. Es apenas un rozón sin importancia. Si te comunicas con tu tío Tomás dile que todos estamos bien y que pronto nos veremos por allá.

No sólo no da muestras de dolor, sino que hasta se ve alegre. Villa quiere a los tres López como si fueran sus hijos, pero Martín es el preferido.

Desolador es afuera el escenario. Veo al noble y valientísimo general Trinidad Rodríguez llorando a caballo; comprendo por qué: enfrente de él está una soldadera muerta, boca arriba, con un tiro en la frente y a su lado, dos niñas pequeñas, también sin vida. Inmediatamente me volteé yo también para que las lágrimas no brotaran, pues el cuadro era desgarrador.

Nicanor Palomares llega acompañado de Vicente López preguntando por Martín.

—Está bien. Tiene un rozón en una pierna y Barbara lo está vendando tarareando "La Cucaracha".

Gracias a la intervención de Federico Cervantes y, sobre todo, a la de Felipe Ángeles varios oficiales de la artillería federal se salvaron de ser fusilados y a instancia de Cervantes aceptaron integrarse —con el consentimiento de Villa— a la División del Norte.

Para celebrar el grandioso triunfo y olvidarse de las amarguras de la guerra, se organizó un baile en el Casino. Asistió toda la brigada sanitaria y Vicente López se dio vuelo bailando con Carole White, una simpática enfermera americana, entusiasmadísima con las estrofas de "La Adelita". Se tocaron por supuesto "El zopilote mojado" (en honor de Villa), "La Cucaracha" y también valses como "Sobre las olas" y "La segunda de Rosales" (dicen que era la favorita de Benito Juárez). Yo también bailé con varias agraciadas damitas de la sociedad y con Shirlee, la compañera de Barbara.

Vicente terminó enamoradísimo de Barbara y en muchas ocasiones yo les serví de traductor. Ella es de Denver, Colorado, y pienso: ¡ojalá salgamos con bien de esta lucha y que Vicente y Barbara formen un hogar! A las tres de la mañana me dio sueño y me retiré a descansar, no sin que Villa me preguntara:

"¿Qué, muchachito, no le gusta la fiesta?".

–Sí, mi general, pero prefiero descansar y estar fresco para lo que se ofrezca mañana.

–Ándele pues, Daniel, ¡buenas noches!

Mayo 22.

Nuevamente a Chihuahua. Fue alegre el recorrido, pues las gringuitas del servicio sanitario nos hicieron más amable la travesía. Barbara y Vicente López están irremisiblemente enamorados y ya él hace planes para ir a Denver, Colorado, y establecer allí su hogar "cuando triunfe la revolución, que será pronto".

Por alguna rara razón, en cuanto llegamos a Jiménez, en el estado de Chihuahua, me siento completamente tranquilo. Será por la cercanía al "dulce hogar".

En Chihuahua desembarcamos la artillería y la caballería y telegráficamente avisé a mi tío Tomás de mi llegada. Llegaron conmigo tres americanos del grupo que nos han acompañado y con los cuales practico mi inglés: Paul Ganzhorn, Donald McGregor y William Edwards, quienes a la hora del combate han sido valientes como el que más.

He conversado con mi tío Tomás no menos de un par de horas y me transmite sus temores sobre las diferencias entre Carranza y Villa, opinión que comparten don Silvestre Terrazas y el licenciado Aureliano González.

Una vez más me insiste en irme ya a Los Ángeles, y a San Francisco a trabajar como ayudante de despachador bilingüe de trenes. Por no contrariarle le respondo que acataré su consejo... al triunfo de la revolución, que no falta mucho.

No se sabe con qué aviesas intenciones el Primer Jefe le ordena a Villa la toma de Saltillo. Una de dos: o desconfía de la capacidad militar del mediocre general Pablo González, o intenta desviar a la División del Norte de su ruta natural: Zacatecas, Aguascalientes, México.

Pero Villa no se hace del rogar y ordena de inmediato: "¡A Saltillo!". Afortunadamente para nosotros, las desmoralizadas tropas federales abandonaron la plaza y José Inés Robles prácticamente se la regaló a don Venustiano.

Mientras tanto fuimos a la nevería "El Oso Polar", Vicente López, Barbara Allen, Nicanor Palomares y yo, a saborear los suculentos barquillos de allí. Les proporcioné las bicicletas de mi papá a todos y en ellas le dimos la vuelta al Parque Lerdo.

¡Ojalá se termine pronto esta guerra!

Junio 1°.

Don Silvestre Terrazas ya le perdió la confianza a Carranza, tildándolo de intrigante, envidioso y autócrata, toda vez que intenta a como dé lugar cortar la brillante secuela de triunfos de Villa. Ahora quiere dejarle a Natera la toma de Zacatecas, a pesar de hallarse en la ruta natural de la División del Norte y de que Natera no podrá solo tomarla, como no pudo hacerlo en Ojinaga, a donde tuvo que ir el propio Villa.

Junio 12.

¡A tomar Zacatecas! Empiezan las brigadas de la División del Norte a moverse a Torreón, cuartel general donde se concentrarán todas las fuerzas para preparar el golpe de gracia a la usurpación.

Villa quiere lanzarse con el empuje poderoso de las tres armas a la ocupación de Zacatecas, empero el señor Carranza se lo impide, por lo cual —y para aclarar las cosas— me cita a la conferencia telegráfica para mañana a las nueve de la mañana, con la asistencia de los generales Toribio Ortega, Felipe Ángeles, Maclovio Herrera, Rosalío Hernández, Severino Ceniceros, José Isabel Robles, Trinidad Rodríguez, Mateo Almanza, Tomás Urbina, Orestes Pereyra, Máximo García, Manuel Medinabeitia y Raúl Madero.

A las 9:40 se establece la comunicación y mi primer mensaje es:

"Señor Carranza, buenos días le dé Dios" y segundos después la respuesta:

"Buenos los tenga usted, señor general Francisco Villa. Y dígame pronto el motivo de esta conferencia que acaba de solicitarme y que yo le concedo".

A continuación se produce una áspera discusión, pues Carranza le ordena a Villa que mande cinco mil hombres para tomar Zacatecas, a lo cual le responde que él está dispuesto a ir con toda la División, pues no cree que con sólo la ayuda de cinco mil hombres pueda Natera alcanzar el triunfo.

La discusión cada vez sube de tono y en un momento dado, Villa renuncia al mando de la División y de inmediato acepta Carranza, pero todos los generales se oponen alegando que equivaldría a la disolución de la División del Norte.

Cada vez se acalora más la discusión. Maclovio es presa de rabia y me dice: "Pase usted este mensaje":

"Señor Carranza, me entero de su comportamiento para con mi general Villa. Es usted hijo de una mala mujer".

Yo titubeo y él echa mano a su pistola, pero en ese momento interviene el general Ángeles, diciéndole que así no se arreglan las cosas.

Total: los generales de la División del Norte, convencidos de las disparatadas decisiones del Primer Jefe, toman el acuerdo de desobedecerlo e ir juntos a atacar Zacatecas.

Junio 17.

Una fila interminable de trenes sale rumbo a Fresnillo. Como jefe de la artillería el general Ángeles esboza su emplazamiento y el plan de ataque. El ambiente en los trenes es de alegría. Abundan las guitarras y en los aires resuenan "La Cucaracha", "Jesusita en Chihuahua" y "La Adelita", que parece haber sido compuesta expresamente para Barbara y Vicente López, quienes viven inseparables. Ligeras lloviznas en todo el trayecto. El ambiente huele a "tierra mojada". Yo pienso: ¡cuántos de estos entusiastas jóvenes quedarán en el campo de batalla!

La opinión general es que al caer Zacatecas —el último bastión de la usurpación—, Huerta renunciará y saldrá huyendo del país. Entonces sí podré yo ir a Los Ángeles o a San Francisco a trabajar en los ferrocarriles americanos.

¡Quiera Dios que con esta victoria venga la paz!

Junio 24.

Hoy a las diez, con un cañonazo del "Niño" desde su plataforma de ferrocarril, se inició el ataque. Por el noreste desde La Plata y Veta Grande empezaron a avanzar las fuerzas de Urbina, Ceniceros, Raúl Madero, Aguirre Benavides y Gonzalitos —algunos 5000 hombres—; por el noroeste, Trinidad Rodríguez, Rosalío Hernández y José Rodríguez con otros tantos; contra el Cerro de la Sierpe avanza Martiniano Servín y Mateo Almanza con 2500 hombres; por el sur, Toribio Ortega, Manuel Chao y Maclovio Herrera con unos 3000 soldados; por el sureste, Bañuelos, Domínguez, Cervantes, Caloca y Pánfilo Natera con otros 5000; y por el oriente, Domingo Arrieta con otros 2000. A esto agregamos 38 cañones bajo el mando de Felipe Ángeles.

Tan fuerte era el estruendo de los cañones que, a pesar de ponerme algodones en los oídos, pensé que se me reventarían los tímpanos de un momento a otro.

Antes de las once empiezan a traer a los primeros heridos. Entre ellos viene Martín López ayudado por el fiel Nicanor Palomares. Al verme me sonríe y me dice: "No es nada, apenas un rozón". El doctor Charles Harle, sereno como siempre, con tijeras corta el pantalón, pulsa el muslo y dice: "Parece intacto fémur. No tocó femoral"; la enfermera Carole Adisson le limpia con algodón la sangre y le pregunta: "¿Duele?".

—No —responde Martín con un rictus en la cara. El doctor Harle nos dice a Nicanor y a mí:

"Salgan y déjenme trabajar".

Segundos más tarde, traen a Trinidad Rodríguez con una horrorosa herida en la yugular; cara y cuerpo totalmente bañados en sangre; veo su mirada perdida en el techo y comprendo que está agonizando. El doctor "Chonito"

Brondo intenta parar el borbotón de sangre y le dice a su enfermera mexicana: "Ya está en estado de *shock*. Se nos va".

Nicanor y yo salimos para no verlo morir, pues es un hombre noble y valiente, muy querido del general Villa, quien anda en estos momentos con Felipe Ángeles y aún no se entera en el estruendor del combate.

Para las tres de la tarde estaba definida a nuestro favor la batalla. Villa, empapado de sangre de los heridos que él mismo ayudó a transportar, me dice:

"Venga, Daniel, vamos a comunicarnos a Torreón, a Chihuahua y a Ciudad Juárez".

Conecto el telégrafo y me comunico con Silvestre Terrazas, dándole la noticia. Para que sepa él que soy yo quien maneja el aparato, le doy mi clave: "k" (- . -).

Llegaron los licenciados Miguel Alessio Robles y José Ortiz Rodríguez, quienes le piden a Villa que le dé el parte de tan grandioso triunfo al señor Carranza. Éste acepta en la euforia de la victoria, agregando:

"El señor Carranza seguirá siendo nuestro primer jefe, con tal que se avenga a la razón".

Junio 26.

Informado de tan enorme triunfo en la toma de Zacatecas —donde se aniquiló a lo más granado del Ejército federal— don Venustiano ni siquiera felicitó a Villa por tan grande victoria, sino por el contrario: ordenó el bloqueo de carbón para los trenes de la División del Norte, así como de armas y municiones procedentes de Tampico.

Después de todo una buena noticia: ¡regresamos a Chihuahua! Por una parte, existe enorme optimismo en la División del Norte, que ha demostrado ser el más fuerte y mejor organizado ejército de México. La opinión general es que la caída de Huerta es cuestión de tiempo, muy probablemente de semanas.

El único "prietito en el arroz" es la terquedad de don Venustiano, quien ahora es presa de un gran encono en contra de Villa. ¡Ojalá se arreglen estas diferencias para que el país pueda progresar en paz, que ya mucha falta nos está haciendo!

Julio 2.

A fin de arreglar las diferencias entre el señor Carranza y Villa, se entrevistaron Pablo González y Antonio Villarreal, por parte del primero, con el doctor Miguel Silva, quien muy claramente les expuso:

"Nosotros no desconocemos la autoridad del señor Carranza como primer jefe, pero queremos que una ley de todos los hombres revolucionarios declare cuáles son los alcances y los límites de esa autoridad".

He platicado con mi tío Tomás, así como con el licenciado Aureliano González sobre esta situación y me comenta las palabras del obispo de San Luis Potosí del siglo XIX, don Ignacio Montes de Oca y Obregón:

"Pobre México: mandar, no sabes; obedecer, no quieres".

Por otra parte, don Silvestre Terrazas está en disposición de entrevistarse con Carranza, a fin de solucionar este problema que podría desembocar en una nueva conflagración entre ambos bandos.

A este objeto se prepara una reunión de avenimiento en Torreón. Por parte de Carranza irá seguramente Antonio Villarreal y por la División del Norte, el ingeniero Manuel Bonilla, José Isabel Robles y el doctor Miguel Silva. El licenciado Aureliano González vaticina: lo de menos es que lleguen a un acuerdo. Lo difícil es que Carranza lo cumpla.

En todo el país se encienden veladoras para que termine esta revolución. Carranza envía a sus delegados para conferenciar directamente con Villa y pedirle que le reintegre alrededor de 43 000 dólares que tenía depositados el general Serapio Aguirre —más conocido por Serapio Rea en virtud de tener los dientes manchados, al igual que mucha gente de Durango.

El general Villa me pidió telegrafiar a Ciudad Juárez a Juan Medina, para que en gesto de buena voluntad se le entregara esa cantidad a don Serapio, a pesar de las muchas necesidades de la División del Norte que, por cierto, tiene numerosos heridos bien repartidos entre los hospitales de sangre de Jiménez, Santa Rosalía, Chihuahua, Ciudad Juárez y El Paso, Texas (en esta última población las autoridades americanas se han portado muy bien). ¡Ojalá que el gesto del general Villa tenga la debida reciprocidad del Primer Jefe!

Julio 19.

La grieta entre el Primer Jefe y el general Villa, se ahonda día con día. Carranza es muy dado a las intrigas y rencores. Les ha cobrado un odio terrible a diversas personas sin aparente razón. Vayan varios ejemplos: a) José María Maytorena, gobernador de Sonora; b) Felipe Ángeles, una eminencia en el campo de la artillería; c) Juan N. Medina, presidente municipal de Ciudad Juárez; d) Francisco Villa; e) Silvestre Terrazas; f) Rafael Buelna. Por lo pronto convocó a una junta en Torreón para dirimir diferencias y más tardó en celebrarse que en desconocer los acuerdos de la misma. Como si fuera poco lo anterior, Villa intercepta los telegramas en clave de Carranza con sus allegados y sabe que en ellos lo pone como "palo de gallinero". Lo que ignora es que sus claves telegráficas ya están descifradas. Todo esto bien lo sé porque yo mismo los he interceptado (y lo único que no he querido decir es que a Villa le dicen el bandido Doroteo, ya que su verdadero nombre es Doroteo Arango).

Julio 24.

¡Se acabó la dictadura de Huerta!

Ayer el licenciado Francisco Carvajal le telegrafió a Villa para recibir condiciones referentes a la rendición.

La opinión general es que la rendición debe ser incondicional sin más seguridad que se respete la vida a todos, excepto a los asesinos del señor Madero y de don Abraham González.

Al conocerse la noticia en Chihuahua, se desbordó el júbilo, a grado tal que hasta repicaron las campanas de nuestra imponente Catedral.

Vicente López, Nicanor, Barbara Allen, Shirlee y yo, una vez más fuimos a celebrar a "El Oso Polar" con una suculenta nieve. Pasó de casualidad el doctor Encarnación Brondo Whitt, quien se nos unió y no sólo ello, sino que se "adelantó" a pagar la cuenta.

Mi abuelita me llevó al Templo de la Sagrada Familia a dar gracias a Dios por haberme traído con bien y ahora sólo se espera la elección de un nuevo Presidente de la República y todo mundo... ¡a trabajar!

Julio 28.

Gran optimismo reina no sólo en Chihuahua, sino en todo el país. Mi abuelita, devota de la Virgen de Guadalupe, le tiene prendida una veladora y ora por que se acabe definitivamente la lucha armada.

Las muchachas enfermeras gringas son parte del "Escuadrón Nightingale", que está formado por once elementos, pero el grupo compacto lo forman: Barbara Allen —ahora novia de Vicente López—, de Santa Fe, Nuevo México; Carole Adisson, originaria de San Francisco ("San Pancho Villa", dice ella entusiasmada); Shirlee O'Donovan, de San Antonio, Texas; y Sharon O'Farrell, de Albuquerque.

Como ayer fue cumpleaños de Nicanor Palomares hicimos una pequeña fiesta en la casa de don Guadalupe Gardea, a la cual asistieron todas ellas, los tres López, Ricardo Michel y su compadre Pepe Nieto, Ernesto Ríos y el güero Baudelio Uribe, quien aportó un garrafón de sotol de Coyame curado de víbora. Se tocó con guitarra "La Valentina" y el himno de la División: "La Adelita", así como otras canciones, y Barbara entonó con buena voz, que todos coreamos alegres, "La Cucaracha". A las muchachas les fascinan los platillos mexicanos que nos preparó doña Chole Gardea. Nos acompañaron también el doctor Charles Harle y el simpático periodista neoyorquino John Reed. La fiestecita terminó temprano —a la una—, pues doña Chole se levanta de madrugada y a diario va a misa al Templo de San Francisco.

Hoy llevo en la mañana al "Escuadrón Nightingale" a la oficina de mi tío Tomás para comunicarnos a todas las casas de la muchachas —Barbara, Carole, Shirlee y Sharon— gracias a la maravilla del telégrafo, el cual, debido a un inventor genial italiano, Marconi, puede ahora ser incluso inalámbrico, lo cual abre insospechadas posibilidades en el futuro.

Agosto 4.

Hay en Chihuahua una tensa calma, pues si bien es cierto que se ha apagado el estallido de los cañones y la gente se dedica al trabajo cotidiano, no ha cesado la preocupación por las diferencias entre Carranza y Villa.

El licenciado Aureliano González una vez más profetiza: "Ahora Carranza va a convocar a otra reunión en alguna parte de México y al final volverá a desconocer los acuerdos si no son de su gusto, y francamente no sé en qué va a parar esto".

Por lo demás el estado de Chihuahua, aunque lentamente, empieza a recuperarse de los tremendos estragos, principalmente ganadería, minería y ferrocarriles; sin embargo, hasta hoy puede decirse que impera una tensa calma y afirmo esto porque si bien la vida normal sigue su curso —comercio y agricultura laboran como si nada—, por otra parte sí se advierte un continuo movimiento de tropas, como si nos estuviésemos preparando para otra guerra.

Por lo pronto, volví a mi querido Instituto Científico y Literario y reanudo intensamente mis clases de inglés; además, en las horas libres me paso a la oficina de mi tío Tomás a practicar el telégrafo, pues él me dice que parezco tartamudo cuando transmito y necesito más fluidez.

Agosto 12.

El "Escuadrón Nightingale" de las enfermeras americanas, bajo el mando de los doctores Charles Harle, Encarnación Brondo Whitt y Andrés Villarreal, obtiene "permiso" para ir a El Paso, Texas, a un curso de cirugía y compra de instrumental quirúrgico. Vicente López se las arregló para pegarse a la caravana y yo hice otro tanto alegando la necesidad de adquirir los nuevos modelos de telégrafo "Bunnell".

El viaje ha sido alegre, pues todo el trayecto cantamos "La Valentina", "El pagaré", "La Adelita" y, desde luego, "La Cucaracha". Nos acompañó también el siempre sonriente güero Baudelio Uribe, quien además de valiente a la hora de los balazos, sabe pulsar la guitarra. Barbara y Vicente, más enamorados que nunca, ya hacen planes para casarse e incluso piensan invitar a Pancho Villa como padrino, toda vez que hoy es la figura más popular no sólo en México, sino en Estados Unidos y, además, quiere a los tres hermanos como si fuesen sus propios hijos.

En El Paso el servicio médico fue a un hospital de sangre a tomar un curso de técnicas quirúrgicas, en tanto que en compañía del güero Baudelio fuimos a adquirir los últimos modelos de aparatos telegráficos —incluso ya le enseñé la famosa clave Morse—, así como pistolas calibre .44 de seis cartuchos, pues él es un magnífico tirador. Fuimos además a varias casas comerciales donde venden toda clase de chucherías "para el hogar", que infortunadamente en México ni se conocen, pues son artículos fabricados en el norte de Estados Unidos, los cuales —hay que reconocerlo— van a la vanguardia de la industria en el continente.

Agosto 19.

Regreso a Chihuahua del "Escuadrón Nightingale". Los tres doctores son verdaderas eminencias en su profesión: Charles Harle estudió en la Universidad de Virginia y además llevó cursos de especialización en cirugía en diversos hospitales americanos. Habla pasablemente bien el español. Yo le admiro que siendo americano ande arrostrando peligros para salvar vidas mexicanas y él —cultísimo— me responde alegre con un latinajo: Gens una sumus (La Humanidad somos una familia). El doctor Villarreal es otra eminencia con reconocimiento en México, así como en El Paso, Texas. Personalmente le encargó el general Villa la organización del servicio sanitario de la División del Norte. Incluso ha desechado ofrecimientos para ejercer en Estados Unidos. "Chonito", el doctor Brondo, es originario de Monterrey, pero se asentó en la "Perla del Papigochi" —Ciudad Guerrero— y lo más admirable es que padeciendo de una distrofia muscular en su brazo derecho, es un habilísimo cirujano muy respetado por sus colegas y querido por todos los que hemos tenido la oportunidad de conocerlo y escuchar su siempre docta conversación. Aunque tiene una pésima voz —casi tan mala como la mía—, se empeña por unirse al coro de "La Adelita" y "La Valentina".

Este año ha sido muy llovedor y todo el trayecto Ciudad Juárez-Chihuahua ofrece un estupendo espectáculo, pues el campo no sólo está verde, sino que hasta se pueden admirar cabezas de ganado en las mismas praderas donde antes pastaban innumerables bisontes en el siglo pasado.

Tan feliz fue nuestro viaje que se nos hizo demasiado pronto llegar a la ciudad de Chihuahua. En la estación nos recibieron Pablo y Martín López y nos llevaron a nuestros respectivos hogares. ¡Cómo disfruté el viaje!

Septiembre 1°.

Sonora es un barril de pólvora que puede estallar en cualquier momento. Maytorena es el gobernador constitucional del estado, pero el general Hill, azuzado por Venustiano Carranza, lo hostiliza constantemente y en cualquier momento "se enciende la mecha".

Ya se prepara el magno desfile del 16 de septiembre, donde la División del Norte habrá de lucir sus tres armas para demostrar que es el más poderoso ejército de México (aunque, como dice el licenciado Aureliano González, no hará sino avivar el celo del Primer Jefe).

Pero, por lo pronto, disfrutamos de días de tranquilidad... y de "El Oso Polar", cuya nieve ya atrae no sólo al "Escuadrón Nightingale", sino a Pablo, Martín y Vicente López. Este último y Barbara andan en romántico viaje en bicicleta (de las de mi papá) por todo el Parque Lerdo.

Hoy por la mañana muy temprano llegó a casa de Andrés Rivera, diciéndome que el jefe (obviamente Villa) me necesita. Mi mamá insistió en que primero desayunásemos y luego fuésemos, al cabo que yo vivo cerca —en la calle Segunda y Jiménez, y él, en la Décima y 20 de Noviembre.

Me presento con doña Luz y a los cinco minutos escucho el inconfundible sonido de sus espuelas de plata —regalo de don Raúl Madero—, acompañado de Silverio Tavares.

–¡Quihubo Daniel! ¿Me pasas unos telegramas?

–¡Cómo no, mi general! Usted ordena.

Durante una hora estuve enviando y recibiendo mensajes a Maytorena Herrera en Parral, así como a varias personas en Torreón y México, Distrito Federal.

–Bueno, muchachito, es todo por hoy. Nomás una cosa le pido: no se me despegue mucho porque ya le estoy agarrando confianza. Salúdeme a su papá y a su tío Tomás.

Septiembre 16.

¡Magnífico el descomunal desfile de la División del Norte! El general Obregón llegó anoche y presenciaron juntos el recorrido de la invicta División por la calle Libertad. Pasado éste se retiró el general Obregón a sus habitaciones y una hora más tarde, en compañía de Martín López, fui a buscarlo. Hallábase éste dictando un urgente telegrama en otro cuarto al general Benjamín Hill, a Sonora, pero con toda claridad yo podía escuchar y descifrar la clave Morse, donde le mandaba decir que no le hiciera caso a cuanto le dijera estando él en las "garras" de Doroteo (refiriéndose por supuesto al general Villa). Al escuchar esto debí cambiar de semblante, porque Martín me preguntó qué pasaba y le respondí que saliéramos a la calle y que le explicaría allí.

Al escucharme Martín, me dice:

"¡Vamos de inmediato a ver a mi general!".

Minutos más tarde, en presencia de Martín, le expliqué minuciosamente lo que había escuchado en la clave Morse. De inmediato montó en cólera y mandó traer al "cachetón perjumado".

Al llegar éste, Villa, en el apogeo de su cólera, empezó a insultarlo, no bajándolo de traidor, desgraciado e hipócrita, y mandó traer una escolta de veinte hombres para fusilarlo. Obregón, pálido como la cera, conservó empero la calma negando los cargos y diciendo que si lo fusilaba le haría un bien, pues él quedaría como mártir y, en cambio, sería una mancha para la División del Norte. Total: se produjo una escabrosa discusión en la cual José Isabel Robles, Díaz Lombardo, Eugenio Aguirre Benavides, Manuel Chao, Roque González Garza y Raúl Madero opinaban que lo mandara con vida a Carranza, y el otro bando, sumamente indignado por la traición, José Rodríguez, Manuel Banda, Pedro Bracamontes, Anacleto Girón y Rodolfo Fierro, lo instaban a que lo fusilara de inmediato. En un momento dice Urbina:

"Oiga mis palabras, compadre. Si no quiere echarse encima la responsabilidad de esa muerte, déjemela a mí. Entrégueme a Obregón, compadre, y yo me encargo de todo".

Villa vacila, el general Felipe Ángeles interviene a favor de Obregón, y por un pelito éste salva la vida, pues se le permite regresar a México.

Cuando ya iba en camino al sur, entérase Villa de nuevas intrigas de Obregón en su contra y me pide telegrafíe a Mateo Almanza, jefe de armas de Gómez Palacio; sin embargo, el tren logra pasar y llega a México con el general sano y salvo.

Septiembre 30.

Ya se hacen los preparativos para realizar la "Soberana Convención Revolucionaria" con el objeto de evitar el enfrentamiento Carranza-Villa; elegir un Presidente Provisional que, a su vez, convoque a elecciones generales y se voten las leyes para encaminar al país por el sendero de la democracia y el progreso.

Don Silvestre Terrazas tiene fe en que en esta convención se llegue a los acuerdos que eviten mayores derramamientos de sangre. A su vez, el licenciado Aureliano González teme que Carranza incumpla con las resoluciones de la misma, si éstas no lo favorecen, lo cual incrementaría el peligro de una nueva guerra civil, pues ya una vez lo hizo al desconocer el "Pacto de Torreón" y no sería difícil que lo volviera a hacer.

Por lo pronto, Chihuahua, aunque muy despacio, empieza a recuperarse de tanto combate que ha destruido las vías de los ferrocarriles y ha sacrificado mucho ganado para darle de comer a las tropas. Ya se reabrieron las minas de Cusihuiriáchic, las de Batopilas y las de la comarca de Parral y Santa Bárbara. La agricultura vuelve a florecer toda vez que este año ha sido muy llovedor.

El siempre festivo güero Baudelio, con el pretexto de su próximo cumpleaños, organizó el pasado sábado otra fiesta en el jardín de don Guadalupe Gardea. Se trajo un conjunto musical y se entonaron, además de las consabidas canciones revolucionarias, valses vieneses y mexicanos. Vinieron los tres López, y Barbara y Vicente no se separaron un minuto echándose ojos de borregos moribundos. Repentinamente, a la una de la madrugada, la señora Gardea nos corrió a todos, precisamente cuando la reunión se hallaba en todo su esplendor. Para mí resultó bien, pues ya me estaba cayendo de sueño y tengo que ayudarle a mi papá en la reparación y renta de bicicletas.

El general Villa no ha querido disolver el servicio sanitario de la División del Norte "por lo que pueda ofrecerse, por lo menos hasta que termine la Soberana Convención". El doctor Villarreal mientras tanto ha prestado un valioso servicio de consulta y cirugía en los diversos hospitales de la ciudad y, además, en unión del doctor "Chonito" Brondo han impartido conferencias sobre profilaxis e higiene a todas las clases sociales de Chihuahua.

Octubre 6.

Hoy se inicia la "Soberana Convención Nacional" en el Teatro Morelos, de la ciudad de Aguascalientes, convocada por don Venustiano, para poner orden a todo el relajo de las distintas facciones revolucionarias (carrancistas, villistas, zapatistas) y, desde luego, la esperanza es la última que se pierde. Asistirán los generales con mando de tropa y gobernadores. Hay dos temas fundamentales: la Presidencia de la República y las reformas sociales que el pueblo pide. En cuanto a lo primero se supone que se elegirá un Presidente Interino (el primer jefe Carranza se retirará) y se convocará inmediatamente a elecciones generales (el primer jefe Carranza volverá y será elegido y reelegido por otros treinta años intentando superar el récord de don Porfirio —según opinión de don Silvestre Terrazas—).

Martín López es llamado urgentemente por Villa y, en cambio, el güero Baudelio ha organizado un "picnic" en la Junta de los Ríos (Sacramento y Chuvíscar, en las afueras de Chihuahua). Nicanor Palomares se encargó de la provisión y Ernesto Ríos, de las cervezas y el sotol.

Nos la hemos pasado estupendamente gracias al "Escuadrón Nightingale" y al simpático doctor Brondo. Estando aún agradable la temperatura nadamos en el río, comimos, bebimos, cantamos y cuando ya la luna había aparecido en el firmamento retornamos a la ciudad. Hubo también concurso de tiro al blanco o, mejor dicho, a las botellas de cervezas, y aunque también las muchachas participaron, el campeonato se lo llevó el güero Baudelio, quien logró vencer a su rival Vicente López.

Octubre 20.

Mientras nosotros descansamos en Chihuahua, en Aguascalientes siguen interminables las discusiones bizantinas y las ambiciones encontradas, y no sólo entre facciones sino incluso entre personas, pues varias de ellas secretamente ya buscan la Presidencia de la República. Entre los generales destacan: Antonio Villarreal, Álvaro Obregón y Roque González Garza. En términos generales, la opinión es que si Villa y Carranza constituyen el problema, ambos dimitan, lo cual si bien es aceptado por el primero, difícilmente lo será por el segundo.

Llegarán los zapatistas y ahora las discusiones se volverán interminables, pues bien sabido es que si éstos son malos para el combate, en cambio para hablar no habrá quién les gane.

Octubre 30.

¡Intentan asesinar a Villa! Hasta él llega un argentino conocido como el "Gaucho" Múgica y con su peculiar acento intenta ganarse la simpatía del general. Pero por diverso conducto una amante de aquél, Victoria Lima, le advierte que es un asesino directamente contratado por el segundo de Venustiano Carranza, el general Pablo González, quien le adelantó 50 000 pesos oro nacional para asesinar al jefe de la División del Norte. Éste, al saberlo, ordenó se le esculcara y se le halló:

a) Una pistola .38.
b) Una daga argentina de catorce pulgadas.
c) Una carta firmada por el carrancista general Cosío Robledo, jefe de la Policía de la ciudad de México.
d) Un salvoconducto firmado nada menos que por el propio Pablo González.

Antes de ser fusilado confesó no sólo que efectivamente había hecho el trato con Pablo González, sino —lo más grave— que don Venustiano Carranza había facilitado el dinero y su bendición para suprimirlo.

Esta noticia recorrió no únicamente México, sino Estados Unidos "de costa a costa". Naturalmente al tercer día apareció una entrevista del general Pablo González "fingiendo demencia" y negando incluso conocer al argentino —a pesar de habérsele recogido un salvoconducto con su firma.

A mayor abundamiento todo mundo sabe que en la intimidad don Venustiano no baja a Villa de bandido. El general José Rodríguez —públicamente— culpa directamente a Carranza de este atentado, diciendo que Pablo González no es capaz, por iniciativa propia, de tomar una decisión de esta envergadura. La propia prensa norteamericana publica que a Carranza, se le debe dar "el beneficio de la duda".

Resumen: con esto del "Gaucho" Múgica las relaciones Villa-Carranza están al rojo vivo.

Rodolfo Fierro reclamó "para su uso personal" la daga del argentino —pues una de sus aficiones predilectas es lanzarla con gran puntería a diez metros—. La hoja está primorosamente grabada con escenas de la Pampa del país sudamericano y su actual poseedor se jacta de que con ella ejecutará a los prisioneros "para ahorrar parque".

Noviembre 3.

Lo dicho: Carranza convoca a la Soberana Convención de Aguascalientes y como no está de acuerdo con sus resoluciones, la desconoce y se prepara al enfrentamiento con el gobierno emanado de la Convención misma, que por gran mayoría elige al general Eulalio Gutiérrez como presidente provisional de la República con la consiguiente rabieta del Primer Jefe, quien con todo cinismo declaró: "Desconozco a la Soberana Convención de Aguascalientes".

Desde luego ambas facciones se preparan para la lucha. Ordena Villa la marcha al sur a la brigada sanitaria dirigida por el doctor Villarreal.

A las seis de la mañana ya estábamos en la estación y a las siete, iniciábamos la marcha. Yo voy en el cuerpo telegráfico de la brigada "Guadalupe Victoria", a la cual pertenecen: Ricardo Michel, José Nieto, Vicente López, Nicanor Palomares y otros muchos amigos, ya veteranos de campañas anteriores.

A las cinco de la tarde estábamos entrando a Santa Rosalía y toda la noche continúa la marcha para amanecer en Torreón. Tras una parada de dos horas proseguimos rumbo al sur. En Zacatecas se hace otro alto y Ricardo Michel nos propone hacer un breve paseo a caballo y cazar coyotes con pistola. Formamos un compacto grupo él, Nieto, Vicente, Nicanor y yo. A tres kilómetros de la vía hay una cerca que todos la saltan, menos yo, pues mi caballo, el "Comanche", no se siente seguro. Del otro lado Vicente me grita: "Pícale las espuelas", y yo lo hago, pero al salvar el obstáculo mi cabalgadura tropezó y veo que vamos a "azotar". Es lo último que recuerdo.

Recobro el conocimiento en el tren sanitario. Es ya de noche. Todo es oscuro y entre brumas aparecen el doctor "Chonito" Brondo y como un ángel bajado del cielo: Shirlee, quien me está vendando la cabeza, mientras el doctor me entabla el brazo derecho. Escucho que éste exclama: "Parece que no hay fractura de cráneo. Es una conmoción cerebral, aparte de la fractura de radio. Se lo encargo".

Me quedo a solas con Shirlee, quien se me queda viendo con una mirada muy fija, penetrante, cuyos ojos azules se agrandan. Lentamente se va acercando y repentinamente sus labios, se funden con los míos. Recuerdo que desde la última fiesta en la casa de Guadalupe Gardea, se me quedaba viendo muy fijamente, como si quisiera hipnotizarme, pero ahora siento como si una enorme fuerza magnética nos empujara al uno en los brazos del otro. Nos hundimos en los abismos de la pasión, con la telúrica fuerza de un volcán en erupción. Somos simplemente un hombre y una mujer que chocan hasta fundirse en un solo ser en la más trepidante sensación que jamás había sentido en mi vida, sin sospechar que pudiese existir este tipo de erotismo. La máquina ferroviaria dio un fuerte jalón y reanudó su marcha, mientras nosotros nos hallábamos convulsivamente unidos escuchando tan sólo el fuerte latido de nuestros respectivos corazones haciendo jadeante la respiración de uno y otro.

Por la ventanilla pude ver un espectáculo maravilloso: una luna llena, enorme, brillante, reinaba en la bóveda celeste, mientras un enjambre de brillantes celestes le servían de corte. Algunos gajos de nubecillas atravesaban lentamente al disco nocturno, sin que su reflejo sobre la tierra disminuyera. Y en la tierra, al atravesar un pequeño bosquecillo, millares de cocuyos con sus diminutas luces parecían saludarnos, como un viviente y gigantesco árbol de Navidad.

Todo el resto de aquella indeleble noche permanecimos el uno en brazos del otro, sin que nuestros labios pudiesen despegarse. No hablamos nada. Ella se limitaba a hipnotizarme con su mirada de anaconda, mientras ambos pensábamos una sola cosa: que no llegásemos nunca a nuestro destino; que el viaje prosiguiese al infinito y que el tiempo nos congelara en la eternidad.

Bendije en ese momento a la revolución y al Señor que había permitido que esas dos chispas que vagaban por el universo, se convirtieran en una sola antorcha de luz, de felicidad.

Paradójicamente una noche larga se hizo breve, pues aún no nos separábamos cuando los impertinentes cantos de los gallos nos anunciaron que la madrugada estaba por concluir y que pronto la luz de un nuevo día vendría a sacarnos de tan fascinante idilio, para devolvernos a la áspera dimensión de nuestra realidad con sus augurios de combates, sangre y muerte.

No bien hubo amanecido ya estaban rodeando mi lecho, Nicanor, José Nieto, Vicente López y, por supuesto, gran parte del heroico "Escuadrón Nightingale". El doctor Brondo se me acerca colocándome el estetoscopio en el pecho y me pregunta:

"¿Cómo te sientes Daniel?".

–Bastante bien doctor, ¿cuándo me da de alta?

–Vamos a llegar a México. Ahí descansaremos unos días, pero no sé si de inmediato volvamos a salir en campaña.

–Muchas gracias, doctor. ¿Qué pasó con el "Comanche"?

–Lo devolvió al tren Nicanor, mientras Pepe Nieto y Vicente te traían sin sentido. Nos diste buen susto, pues pensamos que tenías fractura de cráneo. Tu antebrazo durará entablillado tres semanas. Ricardo Michel ya está enterado.

Diciembre 3.

Hemos arribado a la capital de la República. Le he dicho a Shirlee que me ha convertido en el ser más dichoso de la galaxia. Y que ahora más que nunca deseo aceptar el empleo de telegrafista bilingüe y establecer nuestro hogar en San Francisco, rodeado de muchos afectos que sabremos encender a nuestro alrededor, cuando esta revolución termine, pues, como sospecha el licenciado Aureliano González, Carranza piensa permanecer en el poder por lo menos treinta años más... si no es que las bayonetas no lo derrumban como a don Porfirio y a Huerta.

Pero de cualquier modo, a principios de enero, pienso en unión de Shirlee darnos de baja y partir allende el río Grande.

Resulta que ahora somos dos parejas de enamorados: Vicente y Barbara y Shirlee y yo. Una diferencia: en ellos está el amor puro, sublime ideal, romántico; en nosotros es el grito de la carne que nos ha lanzado al uno en brazos del otro. Pero qué importa hoy la diferencia. Cada amanecer nos preguntamos si llegaremos a ver el crepúsculo. Ahora descubro que para los miles que andamos en "la bola", el peligro obra como un poderoso atractivo en nuestras vidas. Estamos viviendo fuertes emociones: cientos de heridos y de cadáveres, de soldados, soldaderas y hasta de inocentes niños, y, sin embargo, continuamos nuestra lucha siguiendo la imponente figura del general Villa, a cuyo conjuro millares de seres humanos sacrifican su vida.

Cierto que en mi carácter de telegrafista no voy al frente con el ímpetu de Martín López o Rodolfo Fierro, pero tampoco estoy exento de peligro. Pues perteneciente al selecto grupo de "Dorados", en caso necesario, para proteger la vida de nuestro jefe estamos dispuestos a matar y a que nos maten. El cuerpo sanitario también está expuesto al peligro y no son pocos los médicos y las enfermeras que han sacrificado sus vidas al pretender salvar las ajenas.

Por lo pronto, nosotros cuatro vamos a diario al cine o al teatro. Hemos recorrido ya el bosque de Chapultepec y el lago de Xochimilco. Y cada día nos hallamos más y más enamorados de nuestras parejas. Ya hicimos Vicente y yo el pacto de ser compadres del primer hijo que Dios nos dé.

Salimos una noche del cine los cuatro y nos fuimos a cenar al "Café Tacuba", el cual por cierto hallábase pletórico de villistas y cuando nos servimos, el aire se llenó con la romántica canción "La Adelita", que un organillero tocaba, lo que produjo una verdadera euforia entre todos los parroquianos, pues había subtenientes, tenientes coroneles y demás oficiales.

Shirlee me toma de la mano y oprimiéndola me dice: "*I am* la Adelita".

Barbara, a su vez, le da un beso en la mejilla a Vicente y le dice: "*I am* la Valentina".

De repente vemos sonriente como siempre al güero Baudelio, acompañado de una despampanante dama de extraña procedencia.

–¡Hola muchachos! Ésta es la oportunidad de darle la puntilla al viejo "barbas de chivo", que ya se "peló" rumbo a Veracruz. Ayer Rodolfo Fierro, José Rodríguez y mi general Felipe Ángeles le insistieron a Villa que con un par de brigadas rematan al cachetón perfumado de Obregón, pero mi general ya se encerró con la francesita Madeleine Bellecoeur y mientras no me lo suelten aquellos se van a reponer en el puerto. Esta ocasión no se le vuelve a presentar nunca a mi general.

De retorno al hotel reflexiono: efectivamente, todo está favorable para mi general Villa. Infortunadamente una mujer —en este caso la francesita— puede no sólo arruinar la vida de un hombre, sino incluso cambiar la historia de un país. Pero yo no estoy libre de pecado, pues la pasión amorosa con Shirlee me ha trastocado totalmente, a grado tal que ahora mi meta es emigrar a Estados Unidos y formar un hogar con ella. Y exactamente lo mismo sucede con Vicente y Barbara.

A mi abuelita le prometí ir a la Basílica de Guadalupe a orar no sólo por la familia, sino por que la paz reine ya en este sufrido país, de modo que mañana iremos los cuatro (Shirlee, Barbara, Vicente y yo) a visitar a la Virgen —aunque las muchachas no son católicas.

Diciembre 8.

Hemos perdido la más estupenda oportunidad de acabar con las fuerzas de Carranza y Obregón, quienes salieron huyendo al puerto de Veracruz, mientras mi general Villa anda enamoradísimo de la francesita del Hotel Palacio, Madeleine Bellecoeur. José Rodríguez me comenta: "¡Quién sabe cuándo se nos vuelve a presentar otra ocasión tan favorable como ésta!".

El general Felipe Ángeles es de la misma opinión.

Ayer separando las manos catorce pulgadas me comentó la francesita: "Ahora comprendo por qué le dicen a Villa el Centauro".

Pero yo no puedo culpar demasiado a mi general Villa en virtud de que mi pasión con Shirlee se halla en todo su apogeo. Fuimos los cuatro (Vicente, Barbara, Shirlee y yo) al

Museo de Antropología y nos admiramos de la estupenda cultura azteca, de la cual los mexicanos debemos sentirnos profundamente orgullosos.

Hoy fuimos a comer con el doctor Brondo, quien nos da la buena noticia de que mañana salimos a la ciudad de Chihuahua. Vicente y Barbara hacen ya planes para contraer matrimonio el primero de abril y nos insisten en que Shirlee y yo hagamos lo propio y en la misma fecha, pero antes debo tomar, aunque sea en El Paso, el puesto de telegrafista bilingüe.

Diciembre 10.

Ayer una parte del cuerpo sanitario, al mando del doctor Miguel Silva, y la brigada "Trinidad Rodríguez", a las seis de la mañana, estábamos ya en la estación para salir al norte, y el "Escuadrón Nightingale", feliz cantando en el trayecto "Mary, Mary" y, por supuesto, "La Adelita".

Hemos disfrutado el variado paisaje de México y conforme viajamos al norte, el frío se deja sentir más fuerte, pero lo mejor es que pasaremos la Navidad en casa. Ya les dije a Barbara y a Vicente que junto con Shirlee disfrutemos del guajolote que mi papá trajo de San Antonio de los Arenales y desde hace dos meses se está engordando en el corral.

Nos acompañan un grupo muy entusiasta encabezado por Ricardo Michel, José Nieto y el güero Baudelio —quien es de Jiménez, donde se quedará a pasar la Navidad—, mientras los demás tenemos por destino la capital de Chihuahua.

Diciembre 26.

Hemos tenido una Navidad feliz. La guajolota tenía un exquisito sabor, como mi abuelita sabe prepararlo. Nos acompañaron Pamela Anderson, Barbara y su inseparable Vicente y Shirlee, a quien presenté con mi familia. Se rezó pidiendo por la paz de México y por la vida y salud de todos los comensales.

Fuimos también a la tradicional "misa de gallo" a la Catedral, la cual lucía imponente gracias a la descomunal nevada caída desde un día antes. Se tocó al violín el "Himno a la alegría", de Beethoven, y otras piezas clásicas que no sé cómo se llaman. Las tres gringas estaban impresionadas con el altar y su "nacimiento".

Ofició el señor Obispo y desde luego todos oramos por la paz. ¡Ojalá que tanto Carranza como Villa antepongan la Patria a cualquier ambición!

Tan poderosa, tan profunda, tan trepidante, ha sido mi pasión por Shirlee, que ya se me borró de la memoria aquella francesita, la hija de *monsieur* Picard. He descubierto que ella es bella y noble por fuera y por dentro y tan sólo contemplar sus ojos azules me lleva a la más reconcentrada dicha a que un ser humano puede aspirar. Ayer me dijo Vicente que si los cuatro nos casamos el mismo día, nuestro padrino será el general Villa.

Diciembre 31.

Por tercera ocasión consecutiva un albo manto de nieve cubre toda la ciudad, pero el Parque Lerdo parece —y es— una bellísima postal navideña.

Ayer fuimos mi tío Tomás, Martín López y yo a visitar al licenciado Aureliano González y absolutamente todos estuvimos de acuerdo en que el general Villa dejó pasar "la oportunidad de oro" en no seguir a Carranza hasta Veracruz, donde fácilmente lo pudo haber ahogado en el mar junto con Obregón. Ahora va a ser más difícil porque se están reconcentrando todos los "carranclanes" en dicho puerto, y por lo pronto ya desembarcaron un millón de cartuchos que emplearán en nuestra contra.

Mañana será un año nuevo. Nuestro deseo es que la paz se pose ya en el territorio nacional y cese la lucha fratricida.

Lo más grave es que don Silvestre Terrazas le contó al licenciado Aureliano González que el presidente elegido por la Soberana Convención de Aguascalientes, el general

Eulalio Gutiérrez, andaba ya conspirando con José Isabel Robles, Eugenio Aguirre Benavides y Lucio Blanco para abandonar al general Villa, lo cual sería un absurdo, toda vez que sin este apoyo Carranza jamás lo aceptaría y se quedaría "sin Juan y sin las gallinas", y tendría un triste fin.

1915

Enero 15.

¡Ya estalló la guerra civil! Ahora resulta que tenemos dos Presidentes. Por un lado, don Venustiano convoca y desconoce los acuerdos de la Soberana Convención de Aguascalientes, y por el otro, el general Eulalio Gutiérrez es elegido presidente por la misma; en resumen: se viene el enfrentamiento entre la División del Norte, bajo el mando directo de Villa, y Carranza con Pablo González y Obregón a su lado. Zapata y su gente no salen de la comarca de Morelos y se supone que en su momento apoyarían militarmente a la División del Norte, pero lo único cierto es que —como dice don Silvestre Terrazas— "ya la baraja se volvió reyes".

Por lo pronto, la brigada "Trinidad Rodríguez" sale mañana rumbo al sur.

Sumamente lamentable, pero ya se encendió de nueva cuenta la guerra fratricida. En cuanto esta campaña termine me iré a El Paso y contraeré nupcias con Shirlee, a más tardar para el primero de abril. Vicente y Barbara harán lo propio. Por lo pronto, ya le enseñé la clave Morse, pues como telegrafista el trabajo no le faltará e inclusive las muchachas están dispuestas a seguir trabajando en los hospitales como enfermeras.

Nuevamente recibo la bendición de mi mamá antes de partir a la que —espero— será mi última campaña.

La cizaña que Obregón sembró en don José de la Luz Herrera —a quien tanto benefició Villa— ha empezado a dar sus frutos: ya Maclovio no sólo se separó, sino que incluso se integró a las fuerzas enemigas de Carranza. Es una gran lástima, pues es un general muy valiente y nos hubiese sido muy útil en esta nueva campaña, pero ni modo. Lo hecho, hecho está.

Febrero 17.

Es ésta la más negra semana de mi vida. Con nuestra brigada "Trinidad Rodríguez", hemos combatido y derrotado a Murguía, quien tuvo que abandonar Guadalajara, pero tuvimos varias y enormes pérdidas personales que lamentar. No hallo por dónde empezar por el inmenso dolor que relatar estas páginas me causa.

En el combate contra los carrancistas, éstos se fueron retirando, pero no sin estarnos cañoneando y haciendo fuego. El campo quedó cubierto de numerosos heridos y, en un momento dado, Shirlee y Pamela, en un acto pleno de heroísmo, bajaron del tren a socorrer a los heridos. En esto estaban cuando una granada estalló a los pies de Shirlee, desprendiéndole el tobillo derecho e hiriendo también a Pamela. En pleno fragor de la batalla las recogieron y lleváronlas al quirófano del tren. A mí me avisaron cuando las colocaban en las planchas, y el doctor Harle se disponía a atenderlas.

Shirlee llegó muy mal herida chorreando sangre y, al verla, le tomé la mano derecha y ella clavó tristemente en mí sus hermosos ojos azules y con entrecortada voz me dice:

"La Cucaracha ya no... puede... caminar...".

–¡Viva Vi...

Y en ese momento expiró.

El doctor Harle se disponía a colocarle el estetoscopio, pero se dio cuenta que ya no tenía caso.

No pude evitar las copiosas lágrimas que resbalaban por mis mejillas, mientras sentí que su mano derecha dejaba de oprimirme y se volvía inerte.

Para distraerme el doctor Harle me dice:

"Ayúdame con Pamela".

En ese momento llegaron Barbara y Judith y horrorizadas empezaron a atender a Pamela.

Con un enorme peso en el alma, salí del quirófano y me fui a refugiar en mi telégrafo. Eran las 9:14 de la mañana. En eso llega Ricardo Michel diciendo:

"Estamos derrotando a los carrancistas. Pásame estos telegramas".

Sin poderme secar las lágrimas estuve telegrafiando a Felipe Ángeles, a Juan N. Medina, a Silvestre Terrazas y a otros generales. Quise ocuparme todo el día y al mediodía llegaron llorando las muchachas y nos abrazamos todos, pero como el combate proseguía, en unión de otros seis soldados caídos en acción tuvimos provisionalmente que sepultarlos con la premura del caso.

La recepción que el pueblo de Guadalajara le dio al general Villa fue grandiosa: al desfilar por las calles del centro una lluvia de flores cayó sobre su escolta y varias bandas de alegre música entonaron sus canciones predilectas, tales como: "El zopilote mojado" y "La Adelita" —esta última convertida en el himno de la gloriosa e invicta División del Norte—. Hubo, desde luego, banquetes y discursos donde se le llamó el "Centauro de Norte" y, en fin, cundió la alegría en todos los corazones... excepto en el mío, que no podía resignarse a perder al ser amado.

En la tarde se presenta el güero Baudelio pidiendo un grupo de voluntarios para salir a batir a un cuerpo de francotiradores emboscados y Vicente se apunta junto con Ricardo Michel, Andrés Farías y Pepe Nieto.

Aún no había oscurecido cuando retorna Ricardo Michel con un herido grave: ¡es Vicente!

Entre él y Pepe Nieto lo trasladan al improvisado quirófano donde el doctor Harle lo examina: en esos momentos me avisa Trillo y de inmediato nos vamos al hospital donde lo están interviniendo. Sumamente nerviosos nos hallábamos en la antesala cuando escuchamos el singular sonido de las espuelas de plata del general Villa —quien quiere a los tres López como si fueran sus hijos— y le pregunta a Miguelito:

"¿Cómo está Vicente?".

–Parece que grave —contesta éste.

–En cuanto salga de la operación, se lo llevan junto a los demás heridos a Chihuahua. Y volviéndose a mí me dice:

"Tú te vas con él y llegando a Chihuahua me telegrafías. Yo tengo que aniquilar a Murguía y a Diéguez. Lo más seguro es que nos encontremos en Sayula. A la Güera (así le decía a doña Luz) le entregas este paquete, ¿me entiendes?".

–Sí, mi general —replico.

No bien se hubo despedido mi general Villa llega corriendo Barbara gritando, más que preguntando:

"¿Dónde está Vicente?".

–En el quirófano, lo está operando el doctor Harle —respondo.

Y sin más se introduce a la sala de operaciones, donde ya el cirujano estaba interviniéndolo.

Dos horas de tensión tremenda transcurrieron. Al fin sale Barbara y llorando me abraza.

–¡Oh!, Daniel, ¡qué terrible es la guerra!

Mañana salimos para Chihuahua. El doctor Harle va con nosotros. Vicente está mal. Su hermano Martín también está herido, pero no grave. Se curará en Chihuahua.

Febrero 22.

Triste ha sido el viaje en tren a Chihuahua. Martín López, lo que tiene de valiente en los combates, lo tiene de bueno y sensible con sus amigos y su familia. Apenas llegamos a la capital, con la urgencia del caso trasladamos a Vicente al hospital de sangre. Yo no me separé de él —al igual que Barbara— sino para dormitar en ratos. Cuando arribamos ya venía moribundo, apenas abría los ojos como queriendo decirnos algo. Cuando ella lo tomó de la mano derecha, dos lágrimas aparecieron en sus mejillas y minutos más tarde, entró en agonía. Barbara, Martín y yo volvíamos angustiosos la vista al doctor Harle y éste nos miró con resignación y movió lentamente la cabeza de un lado a otro. Minutos más tarde dejó de existir no sin antes recibir los santos óleos, de parte del padre Almeida. Barbara pegó un estentóreo grito:

"*¡Oh my God! ¡Oh no, my God!*".

Martín, Barbara y yo lloramos por ese muchacho de apenas 18 años, que entregaba su vida en pos de un ideal.

–Mi vida en México se acabó —dice Barbara—. Yo regreso a mi país.

–¿Y Pablo? —preguntó a Martín.

–En Sayula. Ya derrotaron a Murguía y a Diéguez. Yo me incorporo la semana entrante con mi general. Por lo pronto, acompáñame a casa a darles la noticia a mis papás.

Desgarradora escena en la casa de la familia López. Haciendo "de tripas corazón" —como usualmente se dice— llegamos al hogar, donde al sólo vernos llegar don Jesús y su señora vinieron a abrazarnos.

–¿Ya murió Vicente? —estoicamente preguntó su mamá.

–Ya mamá —replicó llorando Martín.

–¿Ya lo sabe Pablo? —a su vez preguntó don Jesús.

–No, papá, anda en Jalisco con mi general Villa.

La escena fue desgarradora. Doña María, sin cesar de llorar, me abraza, diciéndome:

"¡Cómo te quería Vicente! Se la pasaba hablándonos de ti. Que le enseñaste el alfabeto Morse. Ya se quería ir de telegrafista a Estados Unidos para casarse con la gringa".

–El general Villa dispuso todo lo relativo al funeral. Me pidió que los atendiera en todo. Pero ahorita necesita mucho a Pablo. En cuanto pueda vendrá.

Triste, como todos los sepelios, fue el del joven subteniente —muy orgulloso de su grado—. Martín no se me despegó ni un minuto, Al terminar me dice:

"Ahora tú ocupas el lugar de Vicente. Desde este momento eres mi hermano".

Los triunfos de la División del Norte en Monterrey, Guadalajara y Sayula la hacen aparecer como invencible; sin embargo, el licenciado Aureliano González se lamenta de la oportunidad perdida al no haber liquidado para siempre a Obregón cuando huía rumbo a Veracruz. ¡Y todo por la francesita que traía loco a mi general! Insiste en que al haber tomado el puerto jarocho, se hubiese derrocado al "Primer Jefe", que en estricto sentido ya ninguna razón tenía de ser en virtud de haberse designado presidente provisional al general Eulalio Gutiérrez, y se hubiese consolidado la paz. Don Silvestre —compadre de mi tío Tomás— es exactamente de la misma opinión.

Fui a la casa de doña Luz Villa —vive muy cerca de la mía—. Le entregué el encargo de mi general y me invitó a merendar en unión a Martín, quien la puso al tanto de los últimos acontecimientos en el Bajío. Me pide que me comunique con su cuñado Hipólito a Ciudad Juárez, pues tiene a su vez varios encargos que hacerle. Yo, feliz con el telégrafo, de inmediato inicio el diálogo a través del coronel Juan N. Medina y le paso todas las novedades.

En mi hogar les relato las últimas desgracias: la muerte —heroica— de Shirlee, quien dio su vida por salvar las de los mexicanos, así como la —no menos heroica— de Vicente López, subteniente a los dieciocho años y con todo un brillante porvenir y ¡tantas ilusiones de formar un hogar con Barbara! E igualmente muchos compañeros jóvenes, entre 17 y 24 años, que quedaron en los combates de Torreón, Paredón, San Pedro de las Colonias y Zacatecas en pos de una Patria mejor, donde imperen la paz, la democracia y el progreso.

Otra noticia triste: el "Escuadrón Nightingale" estima cumplida su misión y pasado mañana parte en el tren con rumbo a El Paso, Texas. Afortunadamente, doña Luz me dio unos encargos para su cuñado Hipólito y para Juan N. Medina y abordaré el mismo medio de transporte en compañía de Martín.

Febrero 24.

Rumbo a Ciudad Juárez. Tristeza y alegría en el ferrocarril. Lo primero, porque no podemos olvidar a los seres caídos —yo jamás me repondré de la pérdida de Shirlee—, y lo segundo, porque oscilamos entre la vida y la muerte, y la guitarra nos lo recuerda constantemente a través de los corridos revolucionarios que cantan las hazañas de la División del Norte.

En Ciudad Juárez tuvimos una fiestecita de despedida para el "Escuadrón Nightingale" y su capitán, el mayor y doctor Charles Harle. A Barbara se le pasaron las copas y no cesó de llorar y llorar la muerte de su prometido. Todas nos dieron sus direcciones y la mayoría se quedará en El Paso, prometiendo volvernos a reunir el año próximo cuando se acabe "la bola".

Le entregué a don Hipólito los documentos y recados de doña Luz, pues la División requiere, "para empezar", de diez millones de cartuchos, carabinas 30-30 y otros elementos bélicos. Hablé también con el coronel Juan N. Medina, quien trabaja muy activamente para proveer cuanto necesita la División. Hoy mismo hice el primer envío de pertrechos a través de Martín López, toda vez que parece que se avecinan muy fuertes combates con los "carranclanes". ¡Qué lamentable que el valiente general Maclovio Herrera no sólo haya defeccionado de Villa, sino que se haya unido el enemigo!

Después de haber acompañado a las muchachas y al doctor Harle, nos despedimos con cariñosos abrazos, pues pensábamos por ambas partes que quizá nunca nos volviésemos a ver, dado que la lucha armada parecía no tener fin.

De tal modo que mañana otra vez me regresaré para Chihuahua.

Marzo 4.

Chihuahua, nuevamente. El viaje ha sido triste, pues el "Escuadrón Nightingale" se reintegró a su país, después de una abnegada labor —con heroicos perfiles— en México. Las muchachas no sólo curaron, sino que estimularon a nuestros hombres antes de desafiar nuevamente la muerte.

Pero yo, en lo personal, estoy completamente desolado por la muerte de Shirlee. Jamás en mi vida he querido a un ser humano, ni volveré a querer como a ella. Penetró profundamente en mi alma y ahora pienso que solamente fue un sueño convertido en mujer durante varias semanas para abrirme las puertas de la más densa dicha nunca sentida por ningún hombre de este planeta.

Y de los varios amigos caídos en pos de un ideal particularmente me han podido Trinidad Rodríguez, sacrificado en la toma de Zacatecas, y, desde luego, a quien quise como un hermano, al siempre alegre Vicente López, quien a los 18 años entrega su vida en aras de un México más libre.

Me invita a merendar mi tío Tomás. Le cuento todos los acontecimientos del Bajío, de la enorme popularidad que en Guadalajara tiene mi general Villa —cómo lo cubrieron de flores al entrar a la ciudad—, así como los combates del ahora llamado "Centauro del Norte", aún invicto. Es, empero, unánime opinión de don Silvestre Terrazas, el licenciado Aureliano González y mi tío Tomás, la oportunidad perdida de México al no aniquilar las fuerzas de Obregón cuando salió huyendo rumbo a Veracruz. Ahora ya se rehízo con nuevos contingentes y pertrechos bélicos y todos los observadores prevén un tremendo encuentro entre estos dos generales, aunque la mayoría tiene confianza en el triunfo de la División del Norte.

Por enésima vez mi tío —y yo creo que fue su verdadera intención al invitarme a merendar— me insiste en que me vaya a El Paso, Texas, a trabajar como telegrafista, pues teme que en uno de esos terribles combates quede también yo. Le prometo hacerle caso... una vez que Villa haya derrotado a Carranza.

Marzo 26.

Nuevamente tomamos el tren rumbo al sur. Vamos a enfrentarnos directamente con Obregón. Santa Rosalía, Jiménez, Torreón. Aquí hay una enorme concentración de fuerzas de las tres armas: artillería encabezada por el "Niño", cañón de 80 mm montado sobre una plataforma blindada de ferrocarril y respaldado por docenas de cañones de montaña; la infantería de miles de soldados dotados de carabinas 30-30 y la temible caballería —el arma predilecta del "Centauro"—, que tantas victorias le ha reportado al general Villa.

La gente anda optimista y con su mejor ánimo. Hay no menos de cuatro bandas de música que han enriquecido su repertorio con la "Marcha de Zacatecas" en honor a la victoria sobre el Ejército federal.

Es, sin embargo, lamentable la ausencia de varios generales que por diversas razones ya no nos acompañan: Maclovio Herrera ahora es carrancista; Trinidad Rodríguez cayó en la toma de Zacatecas; Toribio Ortega murió de pulmonía en la ciudad de Chihuahua; Tomás Urbina y Felipe Ángeles andan peleando en el noreste... y así por el estilo.

Telegráficamente me comunico con Felipe Ángeles y éste es de la opinión de que no se dé el combate en el Bajío, sino obligar a los carrancistas a avanzar al norte, donde es más fácil obtener combustible para los trenes y parque; pero Villa está demasiado ansioso de presentar combate. También me comunico con Hipólito Villa a El Paso, Texas, urgiéndole el envío de diez millones de cartuchos, por si esta campaña se alarga, pues hasta el momento existe abasto para unos veinte días.

Abril 7.

Ayer tuvo lugar el primer combate en las afueras de Celaya. Desde las nueve de la mañana, se lanzaron las primeras cargas de caballería contra las atrincheradas tropas de obregonistas. Hubo una tremenda mortandad por ambas partes y en algunos puntos los carrancistas retrocedieron, pero eso no fue suficiente para obtener la victoria.

El general Villa personalmente dirige el combate desde la Hacienda de Burgos. Gustavo Durón emplazó la artillería a unos 600 metros del enemigo. El estruendo es tremendo y me dificulta la labor de telegrafiar al general Ángeles la evolución de las operaciones. Al ocultarse el sol suspende la acción para reanudarla hoy con mayores bríos. Al tren sanitario empiezan a llegar cientos de heridos y nuestro cuerpo médico no se da abasto para atenderlos. A los más graves se les dan las primeras curaciones y se envían a los hospitales de Torreón, Parral y Chihuahua.

Yo permanezco al telégrafo y los corresponsales gringos me preguntan constantemente:

"¿Ya ganó Villa?".

Les replico que el resultado está indeciso y aún no hay un claro ganador.

Villa llega repentinamente y le pregunta al general Agustín Estrada:

"Y Zapata, ¿onde está?". (Se supone que estaría atacando la retaguardia obregonista.)

–Parece que se volvió "ojo de hormiga", mi general.

–Pos' ni modo, mañana lanzaremos todo lo que tenemos y cenamos en Celaya.

(¡Ojalá!)

Abril 18.

Contra todos los pronósticos —excepto el de Felipe Ángeles— no pudimos nunca ir a probar las famosas cajetas de Celaya. Los ametralladores carrancistas nos barrieron una y otra vez y actos temerarios y verdaderamente heroicos resultaron infructuosos. Nuestros muertos se multiplicaron con los heridos, entre los cuales se encontraron: Rodolfo Fierro, Martín López, el güero Baudelio y muchísimos más que tuvieron que ser evacuados a Torreón, Parral, Jiménez y Chihuahua.

A diario hay junta de generales y las opiniones discrepan: José Rodríguez es partidario de la tesis de Felipe Ángeles, de replegarse al norte en virtud de otra circunstancia: la falta de parque, que ya se deja sentir dramáticamente, y algunas remesas con mala fe llegaron con insuficiente pólvora y las balas apenas tienen una trayectoria de veinte o treinta metros, y para colmo de males, se revolvieron los buenos con los malos cartuchos de las carabinas 30-30.

El general Villa, por segunda vez en el mismo día, me pide comunicarme telegráficamente con Hipólito para pedirle urgente el envío del parque cada vez más escaso. En un brevísimo receso ordena separar todo el parque malo y enviarlo a la frontera. También me comunico con don Lázaro de la Garza, quien había prometido enviar medio millón de cartuchos diarios a Aguascalientes... pero nunca se recibieron y en un momento dado, dice:

"Me dan ganas de enviar a Rodolfo Fierro o a Andrés Farías con Lázaro de la Garza, a ver qué está pasando, pero en estos momentos los necesito mucho a los dos".

Gracias a Dios el coronel Juan N. Medina consiguió con el judío de Columbus, Samuel Rabel, un fuerte envío de parque de carabina 30-30, aunque apenas son 400 000 cartuchos; de algo han de servir para los encuentros que ya se avecinan, pues en estos combates se ha producido una mortandad tremenda, pero no hay aún una victoria decisiva, aunque todavía no se haya podido tomar Celaya.

Mientras esto sucede en el Bajío, en El Ébano, Tomás Urbina continúa ferozmente luchando contra los carrancistas, sin poder alcanzar un triunfo decisivo.

Siguen las reuniones de generales. José Rodríguez es partidario de un repliegue al norte con mayor ahorro de combustible para los trenes y mayores posibilidades de obtener parque. El general Villa encuéntrase ansioso de asestar el golpe definitivo a Obregón y aún tiene esperanza de que Zapata le corte la vía de abastecimiento de Veracruz a Celaya.

Han llegado a Aguascalientes los primeros aviones del Escuadrón Aéreo de la División del Norte. Los aeroplanos son marca "Curtiss" y lo pilotos son gringos: uno de ellos es Newel M. McGuire, otro es Jack Mayes y uno muy simpático que habla algunas palabras en español, se llama Farhum T. Fish. Es evidente que la aviación va a jugar un papel decisivo en los combates del futuro. Por lo pronto, prestan un valioso servicio, pues se pueden elevar estos últimos modelos hasta quinientos metros de altura y pueden realizar vuelos de exploración sobre el campo enemigo e incluso hasta pueden dejar caer bombas. Claro está que en la actualidad la ciencia de la aeronáutica se halla apenas en su infancia, pero me gustaría saber cómo se desarrollará dentro de medio siglo. Para solaz de las tropas estos intrépidos pilotos han dado una soberbia exhibición aérea en Aguascalientes. El güero Baudelio me dice que en cuanto termine "la bola", le gustaría aprender a volar, pues está muy optimista y piensa que pasaremos una feliz Navidad en casa.

Todos estos días han sido de preparativos para la gran batalla que se avecina.

Sumando las tropas de Raúl Madero, Rodolfo Fierro y Felipe Ángeles, se concentran más de veinticinco mil hombres que lucharemos contra las huestes de Obregón, Murguía y Diéguez, los cuales se calculan —por lo que desde el aire vio Farhum Fish— en no menos de treinta y dos mil soldados.

Llegó por fin un lote de nueve mil pistolas automáticas calibre .45 y suficiente parque, con las cuales se dotó a la caballería, aunque muchos Dorados de la escolta no ocultan su preferencia por las .44 de cilindro, con las que no erran un tiro a cincuenta metros por estar muy acostumbrados a ellas. Ayer me trajo Andrés Rivera una de las nuevas pistolas Colt .45 automáticas y acompañados por Nicanor Palomares fuimos a quebrar botellas a veinticinco metros. Creo que si hubiese un concurso de tiro al blanco de toda la División, el primer lugar se lo llevaría "gorragacha" (Villa), quien baja a los zopilotes en pleno vuelo con su revólver .44.

Mientras nos preparamos para el próximo combate, se organizó una corrida de toros. Uno de los matadores se llevó las dos orejas del último. El güero Baudelio me dice: "A todos los prisioneros que agarre, les voy a dar a escoger: fusilados, capados o desorejados. Y es en serio". Conociéndolo yo no lo dudo ni tantito.

Otra triste noticia: Toño Villa —hermano del general-- fue asesinado por error en la ciudad de Chihuahua, en la esquina de las calles Sexta y Jiménez, muy cerquita de mi casa y no lejos de la de doña Luz. Parece que el autor fue un tal Simón Martínez, que traía pleito con Manuel Baca Valles, a quien quería matar. Al darse cuenta del gravísimo error inmediatamente huyó a Estados Unidos. En honor de la verdad, Toño Villa era un estupendo amigo, "incapaz de matar una mosca", pues en la ciudad de Chihuahua todo mundo lo quería y, desde luego, carecía de enemigos. Deja un niño de diez días de nacido que se iba a bautizar con el nombre de Francisco. Yo recibo la noticia por telégrafo y se la paso a Andrés Farías, para que se la comunique a mi general. Éste se presenta conmigo y de inmediato me pide que lo enlace con doña Luz. Desde luego la primera orden fue detener a Simón Martínez —quien pertenecía a la brigada de Manuel Chao—, pero éste se escondió minutos después de lo acontecido.

Presa de gran dolor, el "Centauro del Norte" se encerró todo el día en su cuarto y el único que pudo verlo fue Martín —a quien trata como hijo—. Todos quienes llegamos a conocer a Toño lamentamos profundamente su prematura —cuanto injusta— desaparición, pues jamás en su vida le hizo daño a nadie. Su hermano Hipólito viajará de El Paso para hacerse cargo de los funerales.

Vida y muerte es el signo de nuestros tiempos. Mal empezó este 1915 y quién sabe cómo termine. ¿Qué destino tendrá esa criatura que le nació a Toño hace diez días? ¿Cuántos cientos —o miles— de hombres morirán en este mismo año? En las iglesias de Aguascalientes, se ha visto una gran afluencia de las tropas de la División del Norte, pues muchos de ellos —no se sabe quiénes— habrán de regar con sangre la tierra mexicana en aras de un país mejor. Yo también —no me avergüenzo en decirlo— asistí a la Catedral y oré por que Dios me conceda la dicha de volver una vez más a mi hogar. Para mi sorpresa observé que no pocos de mis compañeros no sólo escucharon la misa con toda devoción, sino que después del magnífico sermón del padre oficiante formaron fila para comulgar. E hicieron bien, pues nunca se sabe lo que ocurrirá mañana.

¡Esperamos ya una contundente victoria de la División del Norte!

Julio 12.

¡Derrota en Trinidad! Luego de varios días de encarnizados combates en los que incluso tuvo que emplearse a fondo la escolta de los Dorados, con innumerables bajas por ambos bandos y cuando por tercera vez estuvimos a punto de obtener la victoria, ésta nos eludió y fue a abrazar a Obregón. ¡Pero no gratis!, pues se supo que en Santa Anna del Conde una granada villista le arrancó de cuajo el brazo derecho, ¡pero sobrevivió! El mando pasó a manos de Benjamín Hill, secundado por Murguía y Diéguez.

Yo, para no ser menos que tantos héroes de la escolta de los Dorados, me calcé las mitazas, me fajé la Colt .45, empuñé la 30-30, monté un caballo que me trajo Nicanor y me lancé sobre el enemigo, esperando morir y reunirme en el cielo con Shirlee. Adelante Farías, Pepe Nieto, Martín López y otros buenos compañeros y amigos. El día era caluroso y el estruendo de los cañones, ensordecedor. A cien metros del enemigo empecé a disparar la 30-30. Una ametralladora nos barría con mortífero fuego, pero uno de los Dorados, a carrera tendida, llegó hasta ella lazándola y matando a sus servidores. Entre el polvo de la tierra y el humo de la pólvora la visibilidad era sumamente escasa. Los jinetes villistas hicieron prodigios de valor.

Repentinamente me vi en tierra con todo y caballo. Otro compañero detrás de mí me levantó y me ayudó a montar en ancas en su caballo, al tiempo que me decía:

"Traes un balazo en la pierna. Te llevo al servicio médico".

Sentí humedad en el muslo derecho. En minutos estaba ya tendido en la mesa de operaciones; una enfermera mexicana con unas tijeras me abrió el pantalón y el doctor Porras examinó rápidamente la herida y diagnosticó: "Bala .7 mm. Aparentemente no atravesó la femoral. Has perdido alguna sangre, pero antes de cinco días quedarás como nuevo".

Torreón y, nuevamente, Chihuahua. Por enésima ocasión resultó herido con tres perforaciones: en un brazo, una pierna y otra en la caja del cuerpo. Martín López, bromeando, me dice:

"Un gato me arañó, pero pa' la semana entrante estaré de regreso". Ya en la ciudad de Chihuahua nos estuvo atendiendo el doctor "Chonito", quien le dice a Martín:

"Tienes más vidas que un gato. Vas a vivir ochenta años".

Sin embargo, en Chihuahua hay tristeza por la muerte de Toño Villa, asesinado en la forma más estúpida.

En cuanto llegué fui en compañía de Martín a visitar a doña Luz. Las novedades no son buenas: Obregón toma Aguascalientes y la otrora invicta División del Norte, se repliega al norte, derrotada. Corren rumores de que el presidente Wilson quiere pedir el cese del fuego entre la Soberana Convención de Aguascalientes y Carranza, pero éste no está dispuesto a aceptar la intervención norteamericana. Por otra parte, no quiere ceder la mínima dosis de poder.

Agosto 3.

Mal empezó este fatídico año y amenaza con ponerse peor. A excepción de la toma de Guadalajara y el combate en Sayula, el balance es francamente negativo: estuvimos a punto de ganar la batalla de El Ébano y acabamos perdiendo; en Celaya dos veces estuvimos a punto de derrotar a Obregón y perdimos; otro tanto sucedió en Trinidad. Toño Villa es asesinado; Shirlee y Vicente López mueren; Rodolfo Fierro está a punto de capturar al propio Obregón y se le escapa como si el mismo diablo lo protegiera.

Poco, muy poco queda de aquella entusiasta y vibrante División del Norte que marchaba de victoria en victoria. Ahora empieza a cundir el desaliento. Suma inquietud se advierte en la ciudad de Chihuahua —abiertamente villista— ante el temor de que el "Manco de Celaya" —hombre sumamente sanguinario— avance y tome la plaza.

Don Silvestre Terrazas filosóficamente sentencia: "Villa le perdonó la vida a Obregón, pero éste no se la perdonará cuando tenga la oportunidad".

Como si lo anterior fuese poco, los católicos le temen al acérrimo anticlericalismo de éste, pues sabido es cómo ha perseguido a los representantes del Señor.

A lo anterior hay que agregar el odio profundo que Carranza le profesa a Villa, a quien no pierde la ocasión para tildarlo de bandido.

Mi abuelita reza y reza: "¡Dios nos guarde que Obregón tome Chihuahua!", dice a cada rato.

Yo me recuperé de mi herida y ando a diario en bicicleta; desde la mañana me voy hasta Nombre de Dios. Al regreso le ayudo a mi papá en la reparación, venta y renta de tan útil vehículo. De lo que nunca podré reponerme es de la pérdida de mi Shirlee. Mi tío Tomás no deja de insistirme en que me vaya de telegrafista a El Paso, Texas, "quien quita y te consigas otra gringa", me dice sonriendo. Estoy a punto de hacerle caso, pues veo que las desgracias nunca vienen solas —y no sabemos cuántas más se abatan sobre nuestro sufrido pueblo.

A lo mejor tiene razón mi tío Tomás, pues mi papá es de la misma opinión. Dentro de dos meses, a lo sumo, debo volver a El Paso a hacer compras y entonces empezaré a ver lo de mi trabajo.

Agosto 22.

Miguelito Trillo vino a casa y me invita a la suculenta nieve de "El Oso Polar" y acepto con gusto, pues su compañía es muy agradable e incluso estimulante. De regreso me pide que lo acompañe a darle un recado a doña Luz.

Apenas llegamos a la "Quinta Luz" nos sale a recibir Martín López y nos pasa directamente al comedor, donde saludo a Ricardo Michel, José Nieto, Nicolás Fernández y Ramón Córdova.

No habían transcurrido cinco minutos cuando apareció "La Fiera" (como le llama Baudelio). Tiene, sin embargo, un extraño magnetismo como no lo he visto nunca en ningún ser humano. Le clava a uno la mirada para obligarlo a decir la verdad y hasta parece leer el pensamiento de quienes lo enfrentan.

A pesar de las últimas derrotas, se le ve animoso y optimista. Nos invita a merendar y le dicta varias cartas a Miguelito.

Cuando considero oportuno me despido, preguntándole qué se le ofrece. Me mira un segundo y responde:

"Por el momento, nada, pero estate en contacto con Martín y Miguelito. Me saludas a tu papá y a Tomás".

Como vivo cerca —en las calles Segunda y Jiménez— me regreso caminando. Siento un gran alivio llegar a mi hogar después de tanta peripecia.

Libro una fuerte lucha conmigo mismo. Por una parte, escucho la serena y sabia voz de mi tío Tomás, aconsejándome:

> Ya salvaste una vez la vida. Tuviste suerte. Tienes un brillante porvenir en Estados Unidos con tu inglés, tu

> oficio de telegrafista, el trabajo está asegurado. Allá no hay revoluciones y es mejor ganar dólares que pesos. En México nadie sabe en qué va a parar 'la bola'. No me gustaría que terminaras como Vicente. ¿Quién te lo va a agradecer?

Por la otra, está el ideal. Carranza se ha convertido en un autócrata; amo y señor de la intriga, convence a gente para "llegar a una solución" y si el resultado no lo favorece, la desconoce. Eso hizo en Torreón; eso volvió a hacerlo con la Soberana Convención de Aguascalientes. Es, además, un hombre que abriga fuertes rencores, especialmente a quienes no le aplaudan servilmente.

Además, quiero en algo servir a mi Patria y que mi sacrificio —si caigo— no sea en vano. Después de la desaparición de Shirlee no me importa perder la vida como uno más de los mártires de la revolución.

Pero aún permanezco indeciso. No sé si después de Navidad me vaya a El Paso a buscar trabajo o el general Villa me hipnotice con su mirada, diciéndome: "No me dejen solo. Apóyenme en mi lucha".

El cansancio me abruma; las sombras del sueño invaden mi recámara... afortunadamente. Mañana será otro día.

Agosto 23.

Martín pasó por mí para ir a visitar a sus papás —que tanto me aprecian—. Ya sabían que Vicente murió prácticamente en mis brazos. Doña Antonia no pudo contener el llanto; yo la abrazo —cariñosamente—. ¿Qué más puedo hacer?

Don Jesús, sereno, estoico, me pregunta: "Ya se nos fue Vicente, ¿quién será el siguiente?".

–Todos estamos en manos de Dios —o de un destino superior—, será Él quien determine nuestro futuro. Vicente murió como un héroe, igual que Agustín Melgar, en defensa de su ideal.

–¿Y quién toma en cuenta eso?

–Ya no importa.

Al retirarnos doña Antonia nos da la bendición a Martín y a mí.

Llego a mi casa y las malas noticias continúan: ya Carranza ocupa la capital de la República y Obregón, recuperado ya de la pérdida de su brazo, se prepara para continuar rumbo al norte, y naturalmente la inquietud en la ciudad crece ante la posibilidad de un combate por la posesión de Chihuahua. Mi papá, desesperado, dice: "Ya estamos hartos de combates. Lo que queremos los mexicanos es trabajar en paz".

El licenciado Aureliano González opina que don Venustiano ya cayó en la autocracia, que es la antesala de la dictadura.

Mientras tanto, el general Villa despliega una actividad tremenda, preparándose una vez más para enfrentarse a Obregón. Sin embargo, las deserciones continúan día con día. Muchísimos soldados de la gloriosa División del Norte se han ido, gran parte de ellos a Estados Unidos. Lo peor es que ya nunca más podrá contar con generales como Toribio Ortega, Trinidad Rodríguez —muertos— o Maclovio Herrera, a quien Obregón convenció para que se "volteara" en unión de su padre y sus hermanos. Incluso, su compadre Tomás Urbina lo abandonó —aunque pagó en manos de Rodolfo Fierro su acción—. También se rumora que Rosalío Hernández lo abandona.

Septiembre 17.

Hubo el desfile tradicional para celebrar la Independencia, pero la otrora invicta División del norte se ha visto diezmada. Y, sin embargo, Villa continúa siendo un líder indiscutible, pues donde quiera que se presenta es vitoreado por el pueblo. Además, los periodistas, tanto mexicanos como extranjeros, lo siguen como moscas a la miel. Creo que ningún mexicano jamás ha sido tan entrevistado como él. Cierto que es un hombre pintoresco, pero igualmente cierto es que posee un magnetismo especial que hace de sus soldados unos devotos partidarios, quienes lo siguen hasta incluso dar la vida por él.

Hace justo un año aquí estuvo a punto de fusilar a Obregón, cuando descubrió que en realidad vino a espiarlo y a tratar de separarle de sus mejores generales —como Maclovio Herrera y Tomás Urbina—, para en su oportunidad descargarle el golpe mortal. Razón le sobraba a Villa cuando lo tildaba de traidor, como se demostró cuando Obregón más tardó en firmar la bandera de la Soberana Convención de Aguascalientes que en "voltearse" a favor de Carranza, y no es difícil —como afirma don Silvestre Terrazas— que en su oportunidad le aseste la puñalada trapera a don Venustiano.

La pregunta fundamental que flota en el ambiente es: ¿podrá rehacerse Villa? Pues si bien ha sido derrotado, lejos está de habérsele aniquilado. Con ocho hombres inició la División del Norte hasta juntar 35 000. Por otra parte, "quince uñas", sin su brazo derecho, difícilmente podrá personalmente dirigir una campaña en su contra en el estado de Chihuahua.

Por mi parte, ya mi tío Tomás me ha convencido de que pasando la Navidad emigre a El Paso a colocarme en el telégrafo. Inclusive me dará cartas de recomendación para gente de allá. Sólo pienso cómo me voy a despedir de mi general, quien conmigo, al igual que con Miguelito Trillo, ha tenido todo género de consideraciones.

Ayer me presentó Martín a otro joven sinaloense, muy agradable, de nombre Rafael Buelna y en compañía de Nicanor visitamos una vez más "El Oso Polar", para que conociera la nieve que se fabrica en Chihuahua. Él es probablemente el más joven general de México y me dice que cuando se acabe la revolución, piensa irse "al otro lado" a trabajar "en lo que sea". Hablando de Obregón me afirma que tiene el cerebro programado para jamás decir la verdad. En resumen: no se le puede tener confianza.

Octubre 9.

¡La suerte está echada! Dice nuestro profesor de Historia que alguna vez Julio César pronunció esta célebre frase. La traigo a colación porque en compañía de Andrés Rivera fui a la "Quinta Luz". Nos recibió muy amablemente Martín López y nos dijo que esperáramos al general, que no tardaba en llegar.

Minutos más tarde aparece y me palmea el hombro, diciéndome:

> ¡Así me gusta ver a la gente, leal! Ahora que hemos empezado a conocer el sabor de las derrotas, la gente empieza a desertar, pero es en estos momentos cuando se conoce a los hombres que sí son hombres. A ti, Daniel, te voy a necesitar, porque vamos a iniciar la campaña de Sonora.

De esta forma tomamos el tren para Ciudad Juárez para proveernos de ropa y municiones y de allí rumbo a Casas Grandes, Chihuahua, donde estuvimos varios días. Aquí sucedió un incidente que pudo ser de gravísimas consecuencias: después de tantas derrotas los generales tuvieron una junta para desconocerlo como jefe, y cuando más acalorada estaba la junta, repentinamente se presenta y les dijo que si querían, él se iba, pero en tal caso se acabaría la División del Norte y que de todas maneras Obregón nunca los perdonaría, lo mismo que Carranza. Gracias a Dios, finalmente todo se arregló y continuó la campaña rumbo a Sonora.

Ayer llegamos a Janos y de aquí partiremos rumbo a Agua Prieta, que la defiende Plutarco Elías Calles, pero esperamos tomarla por sorpresa.

Noviembre 9.

Implacable nos persigue la mala suerte. ¡Nueva derrota en Agua Prieta! Los americanos permitieron el paso por ferrocarril a numerosas tropas carrancistas para que llegaran a Douglas, Arizona, y reforzaran la plaza de Agua Prieta el día 2. De repente los gringos, desde el otro lado, nos echaron los reflectores sobre nuestra gente, para que el enemigo nos cazara como liebres, y como resultado tuvimos que salir rumbo a Naco, dejando muchos muertos y heridos.

Nos nevó y como no traía más que una cobija, me resfrié y me dio calentura. Gracias a Dios mi siempre leal Nicanor me dio tes calientes, con los que pude salir adelante para pasar el tremendo frío y la constante nieve.

Noviembre 26.

Atacamos la ciudad de Hermosillo bajo un frío tremendo y alguna nieve. Afortunadamente, llegamos a tomar algunas tienditas, donde nos surtimos de alguna ropa, cobijas y alimentos, muy oportunamente, pues ya venía una fuerte columna en nuestra persecución. Logramos rechazarla, pero a costa de fuertes pérdidas. Nos retiramos en orden a La Colorada, donde organizamos nuestras fuerzas, ya que Calles no nos siguió —muy afortunadamente—, pues tuvimos tiempo de descansar. Yo seguía resfriado.

Nuestro regreso fue terrible: nieve, ventisca, precipicios, un frío de todos los diablos y nosotros con apenas una cobija y con muchos heridos —varios se nos murieron en el trayecto—; sin servicio sanitario, ni tan sólo un doctor.

Por fin arribamos a Tutuaca —en el estado de Chihuahua—, lo cual era una bendición para nosotros, pues allí todo el mundo nos ayuda y nos ven con simpatía, y lo poco que tienen lo comparten con nosotros. ¡Qué rico sabe el café negro con la nieve alrededor!

El solo hecho de pisar el estado de Chihuahua hizo cambiar el estado de ánimo de la tropa, pues aquí hasta los tarahumaras se muestran amigables. Con el descanso de Tutuaca me sentí más aliviado, pues hasta parece que los caballos saben que están en territorio amigo. De aquí continuaremos hasta Ciudad Guerrero.

De Hermosillo a Tutuaca yo cabalgué en mula, pues este animal es mucho más apto para cruzar precipicios y montañas, y recordé que el general Ángeles —quien estuvo en Francia— nos decía que el propio Napoleón había cruzado los Alpes en mula, aunque los pintores lo pusieran en un caballo tordillo, y además en lugar del traje de campaña, lo retrataron muy elegante, como si estuviera en un desfile militar. Villa, a semejanza del genio francés, cruzó la Sierra Madre Occidental, aunque con suerte adversa.

En Ciudad Guerrero descansamos y nos repusimos del fatigoso viaje a través de la imponente sierra, donde abunda el oso plateado, el puma, el venado cola blanca y, desde luego, el cócono, que más de una vez se convirtió en una suculenta cena. Aquí pudé, por fin, quitarme la ropa mojada, bañarme y ponerme otra seca antes de continuar la penosa marcha hacia la capital del estado.

Diciembre 25.

Una rara sensación de felicidad sentimos cuando a lo lejos divisamos las torres de cantera de la Catedral de Chihuahua, ¡volvíamos a nuestro hogar! Mi madre lloró de alegría al verme sucio, desharrapado, enflaquecido, pero sano y salvo.

Al siguiente día de nuestro arribo, asistí al Templo de San Francisco a dar gracias por haber vuelto a mi hogar. Mi tío Tomás me recibe con un fuerte abrazo, diciéndome: "Bueno, ahora que ya se acabó la División del Norte es hora de empezar una vida nueva".

Ayer fuimos a la tradicional cena navideña. No pude menos que recordar la felicidad con la cual el año pasado la habíamos celebrado. Hoy faltaban muchos queridos amigos —en primera fila, Vicente López—, así como la querida, inolvidable Shirlee, cuyo recuerdo me persigue día y noche. Pero la vida prosigue su curso. Nosotros peleamos por nuestro ideal, y si bien nos tocó la de perder, Dios en su infinita misericordia nos ha permitido seguir con vida.

El propio Villa nos dijo antes de separarnos:

> "Ya ven, muchachos, cómo ahora nos tocó perder. Quienes quieran licenciarse no se los tomo a mal, pues ya bastantes han muerto y muchos quedaron en los campos de batalla. Yo no me rendiré jamás. Nunca le daré ese gusto a Carranza. Me iré al monte, al desierto, a la llanura y pelearé con los que voluntariamente me sigan. No tengo qué ofrecerles sino hambreadas, peligros y malas pasadas. Cabalgaremos mucho y pelearemos mucho hasta que muera yo o muera Carranza. Así que, de una buena vez, quienes me sigan a la sierra, den un paso al frente, pero conste, ya saben lo que les espera.

Muchos hombres buenos, dignos, valientes como Raúl Madero y Felipe Ángeles, prefirieron salir del país a vivir bajo la autocracia de Carranza. Andrés Farías, Nicanor Palomares, Ricardo Michel, Pepe Nieto y yo, decidimos ir a El Paso, Texas, y amnistiarnos (después de pasar la Navidad en casa).

Pasado mañana iremos todos en tren una vez más a Ciudad Juárez. Eso sí, dejaremos nuestras pistolas escondidas, pues no estamos dispuestos a entregarlas.

1916

Enero 13.

"Año nuevo, vida nueva", dice el viejo refrán. El viaje a Ciudad Juárez ha sido, al mismo tiempo, triste y alegre: lo primero, porque aquella División del Norte ya no existe y muchos queridos amigos entregaron su vida por la Patria. Lo segundo, porque ahora derrotados —pero no humillados— respiramos la paz que tanto necesita México para progresar.

Negociando la entrega de Ciudad Juárez quedaron don Silvestre Terrazas, Roberto Limón, Manuel Banda y Fidel Ávila. El general José Isabel Robles intervino en la mediación desde El Paso, Texas. Tan sólo en la frontera depusimos las armas más de 7500 hombres —más de 20 generales y 50 coroneles.

También se desintegró el Escuadrón Aéreo, consistente en tres aeroplanos bimotores "Wright", así como un "Main" y sus pilotos, todos americanos, que se integraron a su país.

El regreso a Chihuahua ha sido menos triste y más alegre. Ricardo Michel, Nicanor Palomares, Pepe Nieto y yo, hacemos planes para empezar una nueva vida. No ha cesado de nevar todo el camino. Afortunadamente, el tren traía buena calefacción y los cuatro andábamos bien abrigados.

El ambiente en la ciudad de Chihuahua es curioso: por un lado, la gente simpatiza con Villa, y por el otro, el general

Treviño, al frente de los carrancistas, ha ocupado la ciudad, pero quiere ver en cada habitante pacífico a un enemigo. En declaraciones muy impropias afirma que en un futuro próximo capturará a Villa y lo someterá a un Consejo de Guerra, a lo cual únicamente comenta el licenciado Aureliano González: "Para tener guisado de liebre, lo primero es tener la liebre".

Por lo pronto, mi tío Tomás me ha conseguido un puesto de medio tiempo de ayudante de telegrafista en el Ferrocarril Central Mexicano. Me advierte también que me cuide mucho de mis opiniones ante extraños, pues el general Treviño ha esparcido espías por todos lados, cuidando muy especialmente a la "lista negra", donde estamos todos los amnistiados.

Don Silvestre Terrazas se entrevistó con el general Francisco Treviño, ofreciéndose a obtener para Villa la amnistía y el exilio a Estados Unidos, pero le contestó que don Venustiano "amnistiaría a todos, excepto al bandido de Villa", a lo cual virilmente le replicó don Silvestre: "Es una lástima abrigar tanto odio, pues ahora quién sabe cuánta sangre más se derrame en Chihuahua".

Febrero 8.

Al regresar a Chihuahua, ya amnistiado, recibo una terrible noticia: el general Pablo López asaltó un tren cerca de Santa Isabel y asesinó a varios mineros norteamericanos, y lo peor de todo es que allí mismo mataron a un conocido nuestro que frecuentemente nos rentaba bicicletas: Bonifacio Romero, quien, al parecer —según testigos—, quiso hacerse pasar por americano y lo fusilaron con los demás.

Aunque el autor de este crimen, Pablo López, sea amigo mío, no se puede sino condenar un artero crimen en contra de indefensos mineros, cuyo único pecado es el de tener la ciudadanía americana. Unos dicen que Pablo obró por órdenes de Villa, otros que no, pues éste andaba muy lejos de dicho lugar, pero el hecho es sumamente reprobable.

El licenciado José Mena Castillo comentó ayer que los odios personales de don Venustiano pueden costarle muy caro al país, pues al no procurar la amnistía de Villa, por lo menos el estado de Chihuahua habrá de seguir ensangrentándose quién sabe cuántos años más. Tan fácil que hubiera sido mandar un emisario y tener un arreglo, y con ello establecer la paz definitiva. Y exactamente lo mismo puede decirse de Zapata, aceptando lo bueno del Plan de Ayala y punto final de la revolución. Está el ejemplo del señor Madero, quien viajó hasta Cuernavaca para hablar con él. Desgraciadamente, lo traicionaron miembros de su propio equipo de trabajo empezando por Victoriano Huerta.

Hay una inmensa concentración de soldados federales en la ciudad, pues se teme que Villa en uno de sus repentinos arranques la tome, aunque sus fuerzas se hallan muy diezmadas por la amnistía. Aun después de ésta, muchísimos ex villistas como los generales Felipe Ángeles y Miguel Saavedra temen represalias del gobierno. El primero se exilió en Estados Unidos y el segundo quiere trabajar por su cuenta.

Yo continúo con mis planes de irme a El Paso, Texas, y enrolarme en el servicio de telegramas del ferrocarril. El día que trajeron a velar el cadáver de Bonifacio Romero en su casa de la calle Bolívar #12, el papá me comentó que lo mejor que podía hacer es irme a Estados Unidos y alejarme de tantos odios que circulan por aquí.

Marzo 11.

¡Villa asalta Columbus! Ayer esta noticia recorrió el mundo "a ocho columnas". En la ciudad no se habla de otra cosa. Después de misa, en la Plaza de la Constitución, en el Parque Lerdo, en cantinas y restaurantes el comentario se enfoca nuevamente a la personalidad del "Centauro del Norte". Mucha gente piensa que las consecuencias serán terribles para México y, muy especialmente, para Chihuahua. En Estados Unidos ya se está pidiendo la intervención armada y esto se ve como un hecho inevitable, pues si invadieron Veracruz con el mínimo pretexto, ¿qué no harán ahora?

La pregunta obligada es: ¿por qué lo hizo? Don Silvestre piensa que es una represalia por el reconocimiento de Wilson a Carranza; además, está el hecho de haber dejado pasar tropas mexicanas para impedir que Villa tomara Agua Prieta. Y como si fuera poco hay una circunstancia que casi nadie sabe: mandó comprar una fuerte cantidad de carabinas y parque al judío de Columbus, Samuel Rabel —más de doscientos mil dólares—, antes de los combates de Celaya y Trinidad y éste no sólo se quedó con el dinero y no envió nada, sino que anteriormente había remitido unos cartuchos con muy escasa pólvora que no servían, lo cual fue uno de los muchos factores que intervinieron en estas derrotas. Esto lo tomó como una burla y por ello se quiso vengar.

De cualquier modo, las consecuencias serán terribles para Chihuahua. En estos momentos el Ejército americano ya se está preparando para invadir el territorio mexicano con el pretexto de capturar a Villa.

Yo, a mi vez, me pregunto: 1915 fue un mal año; 1916, ¿será peor?

Marzo 22.

Ya se produjo la invasión del Ejército americano a territorio nacional. Carranza, con base en un tratado internacional del siglo pasado para la persecución de apaches y bandoleros al otro lado de la frontera, permitió a la ahora llamada "Expedición Punitiva", bajo el mando del general John Pershing, venir y capturar "vivo o muerto" a Villa. Claro está que la tarea no es fácil, aunque se habla de que vendrán hasta 15 mil hombres de las cuatro armas: infantería, caballería, artillería y un escuadrón aéreo para localizarlo, derrotarlo, capturarlo y juzgarlo en Estados Unidos, como lo harán con los villistas prisioneros en Columbus.

Por mi parte, y como mexicano, éste es el peor momento para ir a Estados Unidos a buscar trabajo, toda vez que se ha desatado una histeria colectiva en contra de nuestros compatriotas, a los cuales no sólo los discriminan, sino que los relegan y humillan al igual que a los negros.

Hoy llegó de Santa Rosalía, Nicanor y desde luego fue obligada la visita a "El Oso Polar", donde recibieron la triste noticia que yo les proporcioné de la muerte de Shirlee, así como la de Vicente López, no sabiendo que éste es hermano de Pablo, el que entró a Columbus. Me cuenta Nicanor que la guarnición de Santa Rosalía ve con mucha hostilidad a todo el pueblo, creyendo que aquí también el general Treviño donde quiera ve "moros con tranchete", pero una cosa es evidente: Carranza no es popular en el estado de Chihuahua.

Abril 22.

Pablo López ha sido capturado. Había salido herido de Columbus en ambas piernas y cerca de Satevó, se refugió en una cueva con dos asistentes. Enterados los carrancistas capturaron primero a uno de los asistentes y aunque fue torturado, no reveló nada; después fue capturado el segundo asistente y, por último, dieron con la cueva donde se había ocultado, pero ya no estaba, pues arrastrándose había abandonado el escondite. Finalmente, dieron con él y le pidieron que se rindiera, a lo que contestó:

"Si son mexicanos, me entrego; si son gringos, moriré peleando".

Una vez capturado se le internará en el Hospital Militar de esta ciudad y se le telegrafió a don Venustiano de la situación, a lo cual respondió:

"Cúrenlo y fusílenlo".

La valentía de Pablo López ha despertado una gran simpatía de todas las clases sociales en su favor. Sin embargo, si de por sí odia todo lo que huela a Villa, ahora con la presión terrible del Ejército americano en el estado, lo más seguro es que se le pase por las armas.

Pepe Nieto y yo queremos visitarlo en cuanto llegue a ésta, lo cual deberá ser, a lo más, dentro de tres días y todavía falta que nos permitan, pues a los amnistiados nos ve el general Treviño como a criminales. Además, saben que Martín anda libre y como es sumamente allegado al general Villa, hay una recompensa para quien lo capture.

Mayo 22.

El coronel médico militar Xavier Ocaranza ha estado atendiendo a Pablo López e hizo el dramático comentario: "Jamás en la vida me había visto en una situación tan angustiosa. Estoy curando a un hombre para que lo asesinen en cuanto yo lo dé de alta".

Hay una gran tensión por la situación de Pablo. Su fusilamiento es un hecho que ni siquiera Villa puede en estos momentos evitar, pues el Hospital Militar está reforzado y vuelto a reforzar.

Por otro lado, se ha desatado una columna militar para perseguir a Villa e impedir que siquiera se acerque a Chihuahua. La situación no puede ser más tensa, muy parecida a cuando el cura Hidalgo, en esta misma ciudad, encontrábase en una capilla hace un siglo.

Junio 8.

Ayer ejecutaron a las diez y media de la mañana a Pablo López. Nicanor pasó por mí a las ocho y media y antes de las nueve estábamos en el lugar; logramos pasar la primera valla de soldados y un gringo empezó a tomar fotografías del lugar, del público y del pelotón.

Poco antes de las diez y media llegaron tres automóviles; el primero conducía a Pablo, quien bajó en muletas, vistiendo una camisa blanca —seguramente prestada, pues le quedaba grande—. Venía sumamente enflaquecido y un tanto ojeroso. Al vernos nos hizo un leve saludo con la mano derecha y segundos después se colocó frente al paredón con un puro en la boca que nunca encendió. Cuando le preguntó el comandante del escuadrón si tenía algún deseo, le contestó que quitaran al gringo que estaba tomando fotos; luego tiró su texana y se escucharon las voces:

¡Preparen! ¡Apunten! ¡Fuego!

El gringo volvió a tomar fotos en el preciso momento que recibía la descarga, cayendo inmediatamente sobre su costado derecho. El comandante se acercó ante el moribundo y con la .45 le dio el tiro de gracia en la cabeza.

Nicanor no se pudo contener y con todas las fuerzas de sus pulmones, gritó:

"¡Ahora cómanselo, perros!".

La multitud lo coreó un buen rato y los soldados nos obligaron a retirarnos.

Al regresar a casa, Nicanor no cesaba de exclamar: "¡Malditos, desgraciados, así la pagarán!".

Para el funeral de Pablo nos íbamos a cooperar varios amigos, pero, enterado y conmovido, don Simon Picard —el dueño de "Las Tres B" (Bueno, Bonito y Barato)— se hizo cargo de todos los gastos, desafiando la ira del general Jacinto Treviño, pero ganándose la simpatía de toda la ciudad.

Él simplemente explicó: "Es un acto de misericordia".

El entierro fue al día siguiente, a las once de la mañana, en el Panteón de Dolores. Asistimos muchos de los amnistiados villistas y Miguel Saavedra pronunció un emotivo discurso en el que dijo: "Te hirieron las balas norteamericanas que ahora invaden nuestro suelo, pero te asesinó la ira del autócrata".

Al terminar su oración fúnebre, muchos de los presentes no pudimos contener el llanto. La prensa de la ciudad publicó el instante en que recibía la fatal descarga y en un acto viril de desafío, las palabras de Saavedra.

El general Treviño, como queriendo sondear su parecer, con el pretexto de adquirir algunos artículos de "Las Tres

B", se acercó a *monsieur* Picard y, como no queriendo, le preguntó: "¿Es verdad que sufragó usted los gastos del sepelio de Pablo López?".

A lo cual respondió el compatriota de Bonaparte:

"Lo mismo hubiera hecho por usted".

(Bravo, don Simon.)

Julio 14.

Hoy es el aniversario de la Revolución Francesa y habrá un brindis en el Consulado. Mi tío Tomás está invitado y aún no decido si yo "me le pego". El fusilamiento de Pablo no ha hecho sino despertar cada vez más la simpatía de Villa, que allá en la sierra sigue infatigable combatiendo por igual a los gringos que a los vástagos de don Venustiano.

No han faltado, es cierto, malos mexicanos que por unos cuantos dólares se han vendido a los gringos, pero la mayoría de los chihuahuenses han sido lo suficientemente patriotas para apoyar moral y materialmente al "Centauro del Norte". Aquí, en la capital del estado, en cuanta ocasión se presentan todas las bandas, para hacer rabiar a los federales, como en abierto desafío, entonan "La Adelita", a sabiendas de que es el himno de la División del Norte. El encono ha llegado a tal grado que el general Treviño ha prohibido a todas las bandas militares que la toquen.

En cuanto a Estados Unidos, debemos distinguir entre su gobierno y su pueblo. El primero ha sido hipócrita con Villa. El supuesto agente Carothers, que tanto adulaba a mi general cuando éste andaba de triunfo en triunfo, para mí no es sino un espía gringo —que ahora se desapareció—, pero, por otro lado, está el verdadero pueblo —el alma de Norteamérica—, bueno, noble y trabajador. Muchos americanos como John Reed, los pilotos del Escuadrón Aéreo y, sobre todo, el heroico "Escuadrón Nightingale", en el cual Shirlee dio su vida en aras de la revolución. Otro tanto debo decir del humano y eminente doctor Charles Harle, que tantas vidas de mexicanos salvó, entregándose con auténtica abnegación a su profesión. En suma, los americanos deben ser leales amigos y una cualidad puede advertirse en la inmensa mayoría de ellos: no son envidiosos y saben reconocer el mérito donde quiera que se halla.

Agosto 4.

No quise a última hora acompañar a mi tío Tomás al aniversario de la Revolución Francesa, pero él me platicó que todos los asistentes felicitaron a *monsieur* Picard, tanto por su noble gesto en sufragar los gastos del sepelio de Pablo como por el bofetón con guante blanco que le dio al general Treviño cuando éste intentó reprocharle su conducta. Y es que don Simon se ha identificado plenamente con México y con los mexicanos.

Comentaron también sobre la gran guerra que actualmente está asolando a Europa. Piensa *monsieur* Picard que, tarde o temprano, Estados Unidos se verá involucrado en ella, toda vez que siempre ha estado muy vinculado a Inglaterra y una consecuencia de ello es que en caso de continuar este conflicto, irán a requerir hasta el último hombre en los campos del viejo mundo, y por consiguiente Pershing y sus tropas abandonarán el estado de Chihuahua... sin Villa, pues éste es un coyote muy balaceado.

Además, se ha incrementado extraordinariamente la fuerza de Villa a raíz del combate del Carrizal, en el cual 82 americanos —la mayoría negros—, al mando del capitán Charles T. Boyd, llegaron a las afueras del pueblo del Carrizal —muy cerca de Villa Ahumada— topándose con las fuerzas del general Félix U. Gómez, quien les advirtió que no podían pasar, a lo que con arrogancia respondió el americano: "Dígale a ese hijo de perra que vamos a pasar". Se inició el combate y los punitivos tuvieron 12 muertos, 10 heridos y 24 prisioneros, que una semana después fueron devueltos a El Paso. Murió en los primeros tiros el general Gómez (al igual que Boyd) y la Federación sufrió alrededor de 30 bajas.

Después de este combate muchos hombres de la sierra y del sur del estado han estado dándose de alta con Villa. Ya antes se había suscitado el gravísimo incidente de Parral, donde la multitud, enardecida y acaudillada por una chamaca de nombre Elisa Griensen, echó fuera de la ciudad a las tropas de Tompkins entre pedradas y balazos, resultando dos americanos muertos y seis heridos.

Mientras todo esto sucede hay una ola de rumores en Chihuahua. Unos dicen que Villa ha muerto, otros que solamente se encuentra herido y no falta quienes afirmen que se halla escondido en lo más abrupto de la Sierra Madre. La pregunta que todo el mundo se hace es: ¿encontrará Pershing a Villa?

Y el deseo general es que se regrese a su país con las manos vacías.

Septiembre 17.

¡Villa toma Chihuahua! Increíble pero cierto. Desde hace dos semanas el general Jacinto B. Treviño, se preparó para estrenar su mejor uniforme con todas sus condecoraciones —no tantas como las de don Porfirio— y concurrió a los ensayos de la banda de música a tocar la "Marcha de Zacatecas", "La Valentina", "El zopilote mojado", "Jesusita en Chihuahua" y algunas más (excepto, desde luego, "La Adelita", que está en la lista negra de los carrancistas).

El mero día 15 en la noche, en el Salón Rojo del Palacio de Gobierno, se brindó con champagne, mientras el apuesto general Treviño se preparaba a demostrar, una vez más, que era el mejor bailarín del norte mexicano, no sin antes dar el "grito de Dolores", cuando en ese momento apareció un jinete uniformado de gala gritando: "Villa está atacando la ciudad, todo mundo a casa"; Treviño se puso pálido y convocó a su Estado Mayor para preparar la defensa.

De repente, en medio de una pertinaz llovizna, todo era caos y confusión. Treviño quiso poner orden, pero un rozón de bala en la oreja derecha le advirtió que el asunto era grave. Salieron del Palacio de Gobierno por la puerta de atrás para enfrentar una nutrida balacera. Se produce el pánico en las fuerzas carrancistas, mientras los villistas toman la penitenciaría para liberar a José Inés Salazar, a quien le dice el "Centauro":

"Sólo vine porque supe que lo iban a fusilar".

Después de proveerse de municiones en el depósito federal y de saquear algunas tiendas del centro, al amanecer del día 16 se retiró en perfecto orden el cuerpo de la ex División del Norte, poniendo en el más completo ridículo al general Treviño, quien con nueve mil hombres no pudo resistir a un enemigo notablemente inferior.

Todavía ayer continuó la lluvia muy propia de esta temporada. El desfile no se suspendió, pero se redujo a la mínima expresión y estuvo bastante deslucido y fríamente recibido por el escaso público que lo presenció.

¿Y Pershing?, todo mundo se pregunta y la respuesta es simple: en Colonia Dublán, planeando cómo atrapar a Villa.

Miguelito Trillo pasa por mí muy temprano y me invita a jugar billar al "Salón Saturno", propiedad del amnistiado general Miguel Saavedra, quien nos informa que Martín López fue visto herido haciendo fuego contra el enemigo. Todos nos preocupamos por él, pues ya cayeron sus hermanos Vicente y Pablo y hasta hoy la suerte le ha sonreído, ¿pero mañana?

El licenciado Mena Castillo nos informa que no menos de tres veces, Silvestre Terrazas, Enrique Llorente y el licenciado Miguel Alessio Robles le han pedido a Carranza la amnistía de Villa y el viejo terco siempre responde: "Yo no pacto con bandidos".

Y las consecuencias aquí están: Obregón lo vence pero no lo aniquila y ahora menos que no puede montar a caballo. Y de todos los generales que lo rodean ninguno tiene la estatura del "Centauro". Y mientras tanto siguen cayendo mexicanos en feroz lucha contra mexicanos.

Octubre 12.

Triple aniversario de festejos en la ciudad: el descubrimiento de América, la fundación de la ciudad y el arribo de Benito Juárez durante la intervención. Sin embargo, no hay mucho ánimo para celebrar: mientras en el resto del país (con la excepción de la comarca zapatista) todo está en calma, en Chihuahua continúa la lucha terrible entre villistas y carrancistas.

Nunca fue más afortunado el sobrenombre del "Centauro del Norte", puesto por quién sabe quién a mi general, el cual va nuevamente de triunfo en triunfo: toma Santa Isabel; derrota y hiere en Cusihuiriáchic a Matías Ramos; ocupa San Isidro y luego Bachíniva, y, para colmo, le arrebata la banda de música de los carrancistas, a quienes Baudelio Uribe les da estas alternativas: o los capo o los desorejo o los incorporo a mis fuerzas. Los músicos, tontos pero no tanto, optaron por la última y alegran toda la sierra toque y toque "El zopilote mojado", la "Marcha de Zacatecas", "La Adelita" y en honor a *monsieur* Picard por haber sepultado a Pablo López, entraron a Namiquipa tocando "La Marsellesa". (¡Si Napoleón los hubiera visto!)

Ahora resulta que paradójicamente Pershing en lugar de acabar con el villismo, lo ha triplicado, pues cientos de chihuahuenses de la sierra, de Ciudad Guerrero, San Andrés, Santa Rosalía, Parral y otros lugares, se están dando de alta para ir a pelear "contra los gringos".

A la "Expedición Punitiva" la trae vuelta loca, pues cuando piensan que está en Casas Grandes ataca Jiménez, y los punitivos —en su mayoría negros—, a pesar de traer con ellos unos "huelleros" apaches, no han podido dar con él. Además, la casi totalidad de los chihuahuenses no tienen ninguna voluntad en cooperar con los americanos.

Después de los incidentes del Carrizal y de Parral, Pershing se ha vuelto más prudente que nunca y no se atreve a alejarse mucho de Colonia Dublán, donde los mormones lo apoyan.

Noviembre 30.

De nueva cuenta toma Villa la ciudad, pese a la frenética actividad del general Jacinto B. Treviño por fortificarla y defenderla, después de tomar por enésima vez Parral y poner en precipitada fuga a Luis Herrera —hermano de Maclovio.

Martín López entra por la avenida Zarco y en los primeros enfrentamientos recibe tres heridas en el pecho y otra en un brazo, por lo cual Baudelio lo sustituye en el mando. Los carrancistas se defendieron con bravura esperando, sin duda, que los gringos vinieran en su ayuda, pero Pershing ni se inmutó.

Se peleó desde el cerro de Santa Rosa hasta en el centro y entre las calles Morelos y Allende hubo una tremenda matanza de chinos —se habla de medio centenar—. Al tomar la ciudad, Villa se dio el lujo de ir a su casa, la "Quinta Luz", donde se le presentó Miguelito Trillo, acompañado de su tocayo, el general Saavedra, quienes junto con otro grupo de amnistiados volvieron a darse de alta con su antiguo jefe. Mi mamá, al saber de las múltiples heridas de Martín, le ofreció una manda a la Virgen por su salud y en la casa le tiene prendida una veladora. Dios quiera que se salve.

Diciembre 12.

Hoy se celebra en todo México el día de la Virgen de Guadalupe y desde las primeras horas de la mañana los "matachines" realizan sus danzas precolombinas al compás de sus tambores. Al principio del mes corrió el rumor de que Martín había muerto, pero él mismo se desmintió, pues le envió un recado a Nicanor diciéndole que estaba bien, pues tenía más vidas que un gato. Son estos tiempos decembrinos alegres, por una parte. Empiezan las "posadas" en la Catedral. El señor obispo ora una vez más por la paz de México, misma que empieza a asentarse en muchos estados, pero no en Chihuahua, con el imprevisible "Centauro", quien un día toma Ojinaga en el extremo norte y después Parral en el sur, y el gobierno carrancista: de fracaso en fracaso. La prensa local le publicó a Treviño: "NO HAY CUIDADO, PUROS DESCUIDOS", burlándose de sus declaraciones, pues en la última toma de la ciudad salió huyendo como alma que lleva el diablo, con una herida en el cuello.

Por lo pronto —una vez más—, ya tenemos el guajolote engordando para el 24 y todos esperamos una Navidad nevada en que el Parque Lerdo se vista de blanco y que la tranquilidad vuelva a nuestra querida ciudad, ya que ni Villa ni Carranza quieren ceder.

La prensa americana advierte cada vez más la posibilidad de que Estados Unidos entre a la guerra europea y, desde luego, Pershing se regrese por donde vino. En Europa la situación está terrible desde el asesinato del archiduque Franz Ferdinand, de Austria, quien detonó la guerra, pues días después Austria invadió Serbia y Alemania atacó Bélgica, y luego Rusia se enfrentó a los alemanes: total, casi toda Europa arde en llamas en la guerra más grande que ha conocido la historia. Ante esta situación, Estados Unidos ya se está preparando para entrar a favor de Inglaterra y en contra de Alemania.

Los propios mormones de Colonia Dublán hablan de que el general Pershing, se prepara para evacuar el territorio mexicano.

1917

Enero 1°.

El 24 en la noche —una vez más— tuvimos la tradicional cena navideña, en la cual mi abuelita Conchita hizo la oración para pedir por la paz en el mundo y en México. Al día siguiente hubo una misa solemne en la Catedral oficiada por el señor obispo y tres sacerdotes. El órgano, uno de los más grandes del norte de México, estuvo tocando música sacra; yo no conozco mucho de eso, pero el maestro Moure se lució en el violín tocando el "Himno a la alegría", de Beethoven; y el "Ave María", de Gounod.

En su homilía, el señor obispo solicitó que orásemos todos por un año 1917 más tranquilo para el país (yo francamente lo dudo mucho mientras gobierne "barbas de chivo").

Presionado por los revolucionarios del sur y del norte, se ha convocado a un Congreso Constituyente y el día 5 del mes entrante, se promulgará la nueva Carta Magna que, como novedad, le reconocerá sus derechos tanto al campesino como al obrero (¡ojalá!), pues para ello hemos peleado todos estos años.

El país, en términos generales, se ha ido aplacando con las excepciones de Zapata en Morelos y Villa en Chihuahua. Creo que ambos conflictos pudieron tener un arreglo si Carranza no fuese tan terco y lleno de rencores. Reconozco que no es tarea fácil: toda vez que los europeos, que son tan cultos, se hallan metidos en una enorme matanza, ¿qué se puede esperar de nuestro país donde el 90% de la población es analfabeta?

Para integrar el Congreso Constituyente, se celebraron elecciones en todo el país, excepto Chihuahua, donde Villa se da el lujo de tomar la capital del estado cada vez que quiere. Para darle una supuesta representación a nuestra entidad, se nombró un abogado que no recuerdo cómo se llama, pero presuntamente es de origen chihuahuense.

Febrero 6.

Se ha promulgado la nueva Constitución, siendo la primera en el mundo en proteger los derechos del trabajador. Ojalá sirva para que el país entre por la senda de la paz.

Llegan noticias de Santa Rosalía que vieron a Martín López sano y salvo, como si nunca lo hubiesen herido, cabalgando a la diestra del "Centauro", junto con Baudelio, quien ahora tiene la manía de perdonarles la vida a sus prisioneros, pero mochándoles las orejas para que no reincidan. Aquí en la ciudad ya pululan varios "desorejados", quienes se cubren la cabeza con un paliacate para no verse tan feos. El elegantísimo general Treviño milagrosamente se escapó de quedar desorejado en la última toma de la ciudad. Antes recibió un balazo en la oreja izquierda —que se le nota— y después un balazo en el pescuezo, del cual se está recuperando, pero afortunadamente para él no cayó prisionero, pues huyó con mayor velocidad que un apache.

Nicanor y yo fuimos antes de la Navidad a procurar a Miguelito Trillo, pero nos topamos con la novedad de que, en compañía del general Saavedra, volvió a darse de alta con Villa, al igual que muchos otros amnistiados, como Ricardo Michel y Pepe Nieto, por lo cual estas tropas, en lugar de disminuir, siguen aumentando.

La principal preocupación de Carranza es Villa. Ya no halla a qué general enviar para acabar con él. Se han destinado miles y miles de hombres y millones de pesos sin el resultado apetecido. Y ni los quince mil hombres de Pershing con sus tropas y "huelleros" apaches y aeroplanos han podido capturarlo. Lo peor del caso es que continúa la amenaza de tomar la ciudad, a pesar de que hierve de "pelones".

En virtud de los continuos fracasos de Treviño, decide don Venustiano enviar a Francisco Murguía para reforzar la capital del estado.

Si bien Treviño nunca logró captarse la simpatía de los chihuahuenses, en cambio Murguía en muy poco tiempo sí logró recabar el odio de los mismos por sus múltiples actos de innecesaria crueldad, entre los cuales se cuenta la orden de que a los prisiones heridos había que rematarlos sin la menor consideración. Hay que estimar que muchísimos de los villistas tienen familiares en esta ciudad.

Pero la inútil crueldad de Murguía no lo hace necesariamente mejor general que Villa. Muy poco hace que quiso atrapar al "Centauro" en Ciudad Guerrero, pero no lo pudo lograr porque en esos precisos momentos ¡estaba tomando Torreón! Fue un golpe de audacia que le "cuajó", pues el coronel Talamantes se suicidó y otro de los hermanos de Maclovio Herrera, Luis, sucumbió en el combate. A su vez, el glorioso general Fortunato Maycotte, apenas repuesto de la sorpresa, puso pies en polvorosa, logrando así salvar la vida. Al igual que en Chihuahua, una brigada de apenas cuarenta hombres se incrementó hasta alrededor de 800, entre los cuales se contaron los también amnistiados generales Manuel Medinabeytia y Julio Aviña.

Por fin los "punitivos" se regresan a su país con las manos vacías. Estados Unidos necesita hasta el último soldado y no los puede desperdiciar en México, donde ya algunos perdieron la vida. El espíritu práctico de los gringos, se dirigió por otro rumbo: el general Bel, de Fort Bliss, le ofreció al mercenario Emil Holmdahl la fabulosa cantidad de 100 000 dólares por matar a Villa, pero dudo que se llegue a realizar la operación. Según las fuentes periodísticas, se gastaron más de 100 millones de dólares en cerca de un año para, finalmente, no alcanzar el objetivo. Es más, la persecución de los gringos fue contraproducente, porque Villa, en lugar de disminuir, multiplicó sus efectivos.

Marzo 14.

Han continuado los enfrentamientos en todo el estado entre villistas y carrancistas. Éstos tienen la ventaja de estar muy bien municionados y contar con el presupuesto del gobierno federal y prácticamente el apoyo de todo el Ejército nacional, y aunque en ocasiones han logrado la retirada de Villa, muy lejos están de poder decir que se le ha aniquilado.

En Europa las noticias no son buenas: el zar Nicolás II abdica al trono y se teme por su vida si no sale inmediatamente de Rusia. Mientras sucede esto la guerra continúa en todo su apogeo y aún no se sabe quién ganará, aunque *monsieur* Picard se muestra muy optimista diciendo que si Estados Unidos participa, será un hecho la derrota a la larga de Alemania, por la elemental razón de que la producción industrial americana está intacta en comparación con la germana. Y en nuestros tiempos el aparato industrial decide las guerras.

El güerito simpático de Nueva York, John Reed, después de entrevistar a Villa, se fue a Rusia con la idea de obtener unos reportes de Nicolás II y de Vladímir Ilich Lenin, el líder de la revolución bolchevique, ¡buena suerte! Antes de irse de México me dejó un montón de apuntes en borrador, pues piensa hacer un libro con el tema de la Revolución Mexicana, teniendo como personaje central a Pancho Villa.

Abril 3.

Nuevamente atacan los villistas la ciudad de Chihuahua, ahora reforzada con miles de soldados enviados por Carranza. El combate duró alrededor de seis horas y hubo que retirarse por escasez de municiones.

Cerca de 50 villistas quedaron completamente aislados y fueron hechos prisioneros, entre los cuales desgraciadamente se encontraba mi viejo amigo Miguel Saavedra, quien fue condenado a ser ahorcado en un álamo de la avenida Colón, por órdenes expresas del cruel general Murguía, junto con otros 42 soldados que corrieron con la misma suerte.

Macabro espectáculo fue al día siguiente —cuando las señoras iban a misa— ver los cadáveres colgados en la Alameda. Nicanor, en compañía de Gonzalo Rentería y Gustavo Fuentes, me pidió que lo ayudara en la madrugada a descolgar el cadáver de mi general Saavedra, a lo cual no pude negarme. Gustavo obtuvo prestada una troca y recuperamos su cuerpo y lo llevamos a la funeraria, para que de allí le avisaran a sus familiares que tiene en Aldama. Se le enterró dignamente en el Panteón de Dolores, cerquita de la fosa de Pascual Orozco y la de Pablo López. Para mí esto fue muy doloroso, pues él siempre fue un hombre bueno, recto, valiente y patriota.

Hoy, al ir Nicanor y yo a "El Oso Polar" a comer nieve, vimos en la avenida Independencia al general Murguía, pero le volteamos la cara para no saludarlo. Pero esto mismo hace toda la sociedad chihuahuense, la cual después de estos actos de franco sadismo lo repudia de todo corazón y sólo desea que algún día Villa lo aprehenda para que lo ahorque. En esta ocasión, toda la sociedad, encabezada por el Instituto Científico y Literario, cubrió los gastos del sepelio del general Saavedra. Y todos los conjuntos musicales de la ciudad —y del estado— en cuanto ven a los federales en sus narices les tocan "La Adelita".

1918

Enero 2.

No da señales de componerse la situación política ni militar del estado. La lucha sumamente enconada entre Villa y Carranza continúa por todos los poblados desde el norte hasta el sur. Las órdenes del centro son atrapar al "Centauro" a como dé lugar, pero de todos los generales de Obregón y con todo el presupuesto del estado no hay uno que pueda lograrlo.

En Europa no están mejor las cosas: la guerra sigue en todo su apogeo, miles y miles de ambos lados entregan sus vidas y todavía está incierto el porvenir. El licenciado Mena Castillo piensa que la intervención de Estados Unidos con su enorme potencial industrial intacto puede inclinar la balanza, pero por lo pronto a diario se sacrifican incontables vidas humanas.

Pero para complicar aún más la situación un partido comunista —que en Rusia llaman Bolchevique— ha derrocado a la tradicional dinastía de los zares y el último de ellos, Nicolás II, se halla preso del líder Vladímir Ilich Lenin.

Pero las desgracias nunca llegan solas. Ahora mi mamá Conchita —mi abuelita— tiene cáncer diagnosticado y se lo dijeron a mi papá, pues en la actualidad no existe cura efectiva para esta enfermedad. Un médico —el doctor Maíz— le sugirió llevarla a El Paso, pero mi papá le preguntó:

"¿Y allá la pueden curar?".

–No se lo aseguro.

–Pues entonces no tiene caso atormentarla más.

–Lo mejor que puedo aconsejarles es atenderla aquí en la casa con Hortensia, la enfermera, que esté de planta y todos ponernos en manos de Dios.

Todos los amigos de mi mamá se pusieron en oración por la salud de mi abuelita Conchita, y yo, francamente, aunque creo en Dios, pienso con toda serenidad que pronto habrá de abandonarnos; en fin, como dice el padre Almeida, que se haga Su Voluntad.

Febrero 3.

Ayer sepultamos a mi abuelita paterna Conchita. Dentro de todo el dolor que nos embarga tuvimos la satisfacción de que un gran número de vecinos, amigos y parientes nos acompañaron hasta el Panteón de Dolores, donde quedó precisamente a cuatro metros de donde reposan los restos de mi querido amigo Miguelito Saavedra —ahorcado el año pasado por Francisco Murguía—. El padre Almeida le dio la sagrada comunión los últimos días, así como la extremaunción y pronunció también una magnífica oración fúnebre, exaltando su abnegación y espíritu cristiano.

Mi tío Tomás recibe en su telégrafo en clave muchas noticias de mis compañeros vivos, de los cuales algunos como: Miguelito Trillo, Martín López, Andrés Rivera, Andrés Farías, Baudelio, Ricardo Michel y Lencho Ávalos, me envían constantes saludos e incluso me solicitan pequeñas comisiones que con mucho gusto llevo a cabo, muchas de las cuales consisten en obtener municiones de 30-30 y máuser .7 mm, así como .45 para pistola, e igualmente botiquines y enseres para curaciones; estos últimos los consigo fácilmente con los doctores de la localidad, muy especialmente con "Chonito" Brondo.

Carranza le ha ofrecido a Murguía una recompensa de 50 000 pesos oro por la captura de Villa "vivo o muerto", sabiendo lo cruel y ambicioso que éste es; sin embargo, es muy difícil que llegue a cobrar ese premio, pues la inmensa mayoría del estado no simpatiza con él, como se demostró con los "punitivos". Dicen las malas lenguas que el Presidente ha ofrecido la misma cantidad por la cabeza de Emiliano Zapata.

Cuenta Baudelio Uribe que en cuanto supo Villa la recompensa que se ofrecía por su cabeza respondió que sería más fácil que él capturara a "barbas de chivo", en cuyo caso ofrecería su libertad a cambio sólo de dos "alazanas", a lo cual comentó Baudelio que si a él le tocaba aprehenderlo, antes de soltarlo lo iba a desorejar.

Marzo 4.

Murguía ha evacuado Chihuahua (con el júbilo de toda la ciudad) según él para buscar a Villa (con ganas de no encontrarlo). En Laguna de la Estacada hubo un enfrentamiento entre ambos, el cual duró menos de una hora, y Villa se retiró (probablemente por falta de parque), pero Murguía no lo siguió (posiblemente por temor a una trampa).

De Europa las noticias no son menos terribles: están cayendo miles de soldados en ambos frentes. Parece que Rusia se retira de la contienda y cae en manos de los comunistas, quienes además aprehendieron a Nicolás II, la zarina Alejandra y sus hijos; se teme por la vida del zar, quien hace tiempo mandó ahorcar a un hermano de Vladímir Ilich Lenin, de nombre Alejandro, por lo que el ahora hombre fuerte de Rusia puede vengarse.

Don Silvestre Terrazas, no soportando más la persecución de los carrancistas, huyó a El Paso, donde piensa seguir publicando su periódico, el *Correo de Chihuahua*. Yo lo admiro no sólo por su inteligencia, sino por su valor civil, pues son incontables las veces que ha estado en el "bote" por criticar al gobierno y fue el único periodista en la República que se atrevió a publicar el manifiesto del señor Madero para levantarse en armas aquel domingo 20 de noviembre de 1910.

Ante la escasez de municiones parece que el general Villa —amo y señor de las sorpresas— ha dispersado a sus tropas, pero lo que sí se sabe es que andan por el rumbo de la sierra, donde el terreno es propicio y, además, la gente lo apoya. Aun así la situación es tensa, pues don Venustiano no podrá dormir mientras no le presenten en charola de plata su cabeza.

Abril 5.

Aparece nuevamente el "Centauro" y tiene un breve pero encarnizado combate con la columna federal en Laguna de la Estacada, Chihuahua. La prensa local dijo que había salido derrotado, pero no es de creerse porque es gobiernista y, además, el día 2 del presente volvió a atacar en Canutillo, Durango, al general Pedro Favela, quien no sólo perdió el combate, sino que además dejó abandonados pertrechos y artillería en manos de los villistas, y como si poco fuera lo anterior por poco pierde la vida y herido hubo de ser internado en un hospital de Parral.

Se rumora que Obregón, desesperado ante la incapacidad de sus diversos generales para capturar a Villa, ha decidido personalmente hacerse cargo de la campaña en Chihuahua, aunque Carranza no está muy de acuerdo con esta idea, en primer lugar, porque al faltarle el brazo derecho ya no puede cabalgar, y en segundo, porque se expondría a hacer el mismo ridículo que Pershing hizo cuando se fijó el mismo objetivo. Además, correría el riesgo de perder la vida en un estado que, como dijo Patton, "hierve de villistas", e incluso alguno de los amnistiados podría atentar en su contra.

En todo Estados Unidos el enorme aparato industrial, se ha enfocado al aspecto bélico y miles de ciudadanos se continúan alistando en el Ejército con destino a Europa, donde los combates arrecian cada vez más; sin embargo, la intervención norteamericana bien puede inclinar la balanza a su favor, pues la economía del viejo continente hállase muy desgastada por los propios efectos de la contienda. Yo me pregunto: ¿llegará la paz en Chihuahua o en el otro hemisferio? Dice Jesús Urueta que la barca de Caronte ya no se da abasto con tanto trabajo.

Ya por la ciudad recorren varios rumbos los prisioneros de Baudelio, muy fáciles de reconocer, pues se cubren la cabeza con un paliacate colorado y un sombrero de palma, pero todo Chihuahua sabe que el güero les mochó las orejas, dejándolos vivos para reconocerlos por si volvían a tomar las armas en su contra.

Toño, hermano de Miguelito Trillo, llegó al negocio de mi papá y rentó una bicicleta. Me pidió que lo acompañara al Parque Lerdo y platicamos muy largo rato. Me pide que lo acompañe a El Paso, a donde yo también tengo planeado un viaje para traer cinco bicicletas último modelo y refacciones, por lo cual acordamos salir pasado mañana.

Abril 28.

Nuevamente tomé, en compañía de Toño Trillo, el tren a Ciudad Juárez. El viaje ha sido cómodo y seguro, pero no pude menos que recordar a mi inolvidable Shirlee O'Donovan y al heroico "Escuadrón Nightingale", que tan valiosos servicios prestaron a la División del Norte.

Al llegar a la frontera ya nos esperaba Telésforo Ramírez, ayudante de Hipólito, con un pequeño cargamento de 20 000 cartuchos 30-30 y 5000 de pistola .45, que había logrado traer de contrabando en compañía de Hipólito Villa. Hubiera deseado por lo menos conseguir 200 000 cartuchos 30-30 y 50 000 de pistola, pero los norteamericanos tienen muy restringido el paso de armas y municiones. Afortunadamente para nosotros el propio Ejército federal subrepticiamente vende todas estas cosas y con ellas se refuerza el "Centauro". Para mayor seguridad van a enviarse por tren a Casas Grandes, donde las recibirá gente de confianza, a la cual yo telegrafiaré —en clave por supuesto— el día del envío.

Desde luego aproveché para admirar los linotipos de don Silvestre Terrazas en su nuevo periódico, con quien largamente estuvimos charlando. Nos comenta que don Venustiano es la persona más terca y rencorosa que ha conocido en su vida y que estos defectos le pueden costar caro. Ejemplificando que con un poco de diplomacia pudo tener un arreglo con el general Villa, pero no: había de aceptar la amnistía de toda la División del Norte, excepto la de él. Otro tanto puede decirse de su relación con Zapata; y ambos bastantes dolores de cabeza le han dado ya. Por otro lado, los gringos no lo quieren, pues lo tildan de germanófilo y si llegan a ganar la guerra —lo cual es lo más posible, ya que es más factible que los norteamericanos invadan Alemania que lo contrario—, al hacerse la paz, las relaciones de Carranza con Estados Unidos quedarán sumamente delicadas. Agrega que Obregón tiene más mano izquierda, es decir, simplemente no conoce las ventajas de la negociación, lo cual lo convierte en autócrata. ¡Cuánta sangre derramada se hubiera evitado si no hubiera sido tan intransigente!

Lo peor es que si no lo asesinan va a convertirse en otro Porfirio Díaz e incluso corre el peligro de que los mismos que ahora lo "barbean", sean quienes lo derroquen el día de mañana.

Mayo 2.

Cada vez se justifica más y más el sobrenombre del "Centauro del Norte", debido a las tremendas cabalgatas por todo el norte mexicano.

Cuando se le suponía por la región de Ojinaga, ya andaba en el territorio de Durango. El general Miguel Aguirre tuvo la sorpresiva noticia telegráfica de que Villa atacaría Santa Catarina de Tepehuanes, acampándose en Agua Caliente, a nueve kilómetros de allí, donde capturan al hijo del general Aguirre, de nombre Manuel. Avanzaron sobre Tepehuanes dos columnas villistas: una, al mando del general

Martín López y el coronel Ismael Máynez, y la otra, a las órdenes de Nicolás Fernández y Miguel García.

Villa entonces le envía una carta al general Aguirre, pidiéndole una gran cantidad de parque a cambio de la libertad de su hijo, a lo cual no accedió el padre, pues recibe un fuerte contingente de tropa al mando del general Joaquín Amaro, coordinándose para atacar a Villa, uno por el frente y el otro por la retaguardia.

Después de dos horas de combate y ya muy escasos de municiones, los villistas se retiran perdiendo muchos hombres, entre muertos y prisioneros, entre estos últimos el doctor Ciro Satelices, quien tenía ya más de dos años acompañándolos.

Al final tuvo que retirarse Villa rumbo al norte después de dar muerte al hijo del general Aguirre. Son éstas desgraciadamente las injusticias que se prodúcen en todas las revoluciones, pero también considero mi deber anotarlas.

Junio 14.

Anoche se me apareció Shirlee... en sueños. Estábamos en Hidalgo del Parral y me decía que el palacio de don Pedro Alvarado era propiedad de un tío de ella y que si nos casábamos viviríamos allí. Traía un vestido blanco, como de novia, pero manchado de sangre; estaba muy sonriente y con sus profundos ojos azules me hipnotizaba y con su dulce voz me susurraba: "Como ves la Cucaracha ya ha vuelto a caminar".

Oyéndola yo, mientras una banda de música tocaba "La Adelita", sentía una dicha indescriptible, pero al mismo tiempo sabía que era un sueño y no quería despertar jamás.

De repente todo se esfumó y desperté bañado en sudor.

Me quedé en vigilia hasta que los gallos del corral anunciaron el nuevo día.

En mi no muy larga vida, dos seres humanos me han impactado profundamente: uno de ellos es Shirlee, el ser más hermoso, más noble, más apasionado, que jamás se puede concebir. Pienso que sólo fue un bellísimo sueño convertido en mujer llegando a mi vida para introducirme a una nueva dimensión, y aunque desaparecido, permanecerá en el fondo de mi alma mientras me quede un hálito de vida.

La otra persona es Francisco Villa: he visto cómo con una sola mirada magnética maneja a cientos de hombres, les inyecta un ideal y van derecho a la lucha, al sacrificio e incluso a la muerte, sin el menor titubeo. Gente como los tres López —Pablo, Martín y Vicente—, Rodolfo Fierro, Miguel Saavedra y muchísimos más, le han seguido sin titubeo, arrastrando toda clase de peligros e incomodidades, hipnotizados ante su singular personalidad, que le ha permitido cruzar el río Grande con ocho hombres y en pocos meses convertirlos en 40 000, lo que nunca ha logrado ningún líder en México.

Octubre 2.

Como ya fundamentalmente se temía, los comunistas, encabezados por Lenin, asesinaron en Rusia no sólo a Nicolás II, sino a toda su familia, ante los horrorizados ojos de todas las monarquías europeas. Ahora no se sabe en qué parará la revolución bolchevique.

Por otra parte, ante la fuerte ofensiva aliada, los alemanes empiezan a retroceder y la opinión general es que antes de que el año concluya, se firme la paz.

Después de varias semanas en calma, repentinamente aparece Villa atacando las guarniciones federales de Murguía en breves pero furiosos combates en Santa Cruz de Herrera, Pichague y San Felipe, dándole un mentís a Murguía, quien por enésima vez había declarado que tenía perfectamente controlado al estado "contra las depredaciones del bandido Doroteo Arango". Poco después ataca y toma Ciudad Jiménez y no conforme con ello, días más tarde entra en Ciudad Camargo.

Por informes de Miguelito Trillo, supe que las compañías mineras del estado le dan a Villa una contribución de guerra a condición de respetarlas, la cual se aprovecha para vestir y alimentar a sus tropas.

Sólo eso nos faltaba: una tremenda epidemia de gripe azota al norte del país. El periódico *El Demócrata* informa que en menos de dos días tan sólo en Torreón han muerto alrededor de 300 personas. En la ciudad de Chihuahua hasta la fecha ha muerto media docena de seres humanos. Los médicos recomiendan buena alimentación y, sobre todo, mucha higiene. Esto, a su vez, ha repercutido en una fuerte emigración a Estados Unidos, especialmente California, Nuevo México y Texas.

Diciembre 16.

Empiezan nuevamente las "posadas" y todo mundo anhela la paz. En Europa se ha pactado un armisticio y se espera para el mes entrante la firma definitiva del cese al fuego.

Treviño no pudo con Villa y fue sustituido por Murguía, quien tampoco pudo aniquilarlo, aprehenderlo ni matarlo, y ahora lo reemplaza el general Jesús Agustín Castro ante el júbilo de la ciudadanía, pues "Pancho Reatas" se ha hecho odioso y como despedida, para hacerlo encorajinar más, los grupos musicales apenas lo ven y le tocan "La Adelita".

Ausente el repugnoso de Francisco Murguía, la ciudad recobra algo de su pretérita alegría. Nuevamente el ambiente navideño envuelve a la ciudad. La gente vuelve a las iglesias a orar por que se acabe la revolución y vuelve con más bríos a trabajar en los talleres, en los campos, en las escuelas. En mi casa la ausencia de mi abuelita paterna Conchita, se deja sentir, pero ya tenemos el guajolote engordando para la tradicional cena del 24.

He abandonado un poco mis clases de francés, pero me he concentrado en las de inglés, pues quiero estar perfectamente preparado para cuando parta —pues he de partir— a

Estados Unidos, donde no pierdo las esperanzas de trabajar en los ferrocarriles. Mientras tanto, le ayudo a mi papá en su negocio de bicicletas.

Diciembre 31.

Malo fue este año, pero siempre queda viva la fe de que el año próximo sea mejor. En Europa la guerra parece llegar a su fin y en la mayoría de los estados ha renacido una cierta tranquilidad, a excepción de Chihuahua y Morelos, donde Villa y Zapata continúan combatiendo al Ejército.

Muy fuertes son los rumores de que el general Felipe Ángeles ha abandonado su exilio en Nueva York y se encuentra en territorio nacional, con el supuesto objetivo de formar un partido nuevo llamado Alianza Liberal; esto me lo ha comentado el licenciado Mena, quien agrega que la misión de dicho general es sumamente delicada y peligrosa, pues en el momento en el que don Venustiano lo pesque inmediatamente lo manda fusilar. Por lo pronto, no se ha dejado ver en ninguna parte.

Iremos toda la familia a la Catedral a oír misa en el año nuevo y a orar, por supuesto, por la paz en el estado de Chihuahua, pues hace unos días Villa, incansable, combatió en la Hacienda de Rubio, y muy poco después en Ojos Azules.

Se dice que Murguía fue llamado a México y tuvo una muy áspera discusión con Obregón cuando éste le reclamó que cómo era posible que con todos los recursos humanos y económicos de la Federación no pudiese aniquilar o aprehender a Villa, a lo cual "Pancho Reatas" replicó que a Villa se le puede derrotar, pero nadie, absolutamente nadie, puede aprehenderlo, como lo demostró Pershing, quien teniendo 15 000 soldados y gastando millones de dólares tampoco pudo lograrlo, y de paso le recordó el gravísimo error de Carranza cuando desde 1915 dispuso la amnistía de toda la División del Norte, "excepto al bandolero de Villa, al cual debe juzgarlo un Consejo de Guerra", e irónicamente agregó: "Yo estoy de acuerdo en que se someta a un Consejo de

Guerra y se le pase por las armas, pero primero hay que agarrarlo".

Total: ya Carranza no halla a quién encomendarle la captura de Villa, pues hasta la fecha todos los generales han fallado.

1919

Enero 30.

Nuevamente aparece Villa con redoblado vigor combatiendo muy cerca de esta capital —en Santa Eulalia— y pocos días después en Villa Ahumada en encuentros de "pega y corre", pues es evidente la grave escasez de parque que padece.

En Europa ya se firmó la paz y se planea la creación de la "Liga de las Naciones", a fin de evitar guerras tan tremendas como la que acaba de pasar. Ojalá y en México se hiciera algo parecido. Se espera que para las próximas semanas empiecen contingentes de soldados de Estados Unidos y ellos se conviertan en una fuerza laboral que haga producir campos y fábricas. Aquí tenemos el estupendo ejemplo de los mormones de Colonia Dublán, quienes en pocos años han convertido un erial en un hermoso vergel no sólo de árboles frutales como manzana y durazno, sino de ganadería y aves de corral —entre ellas, los cóconos que abundan en la región—, y francamente son un ejemplo de trabajo y perseverancia para los vecinos de Casas Grandes, pues indiscutiblemente son la mejor comarca agrícola y ganadera de Chihuahua.

Febrero 28.

Completamente confirmado: el general Felipe Ángeles abandonó su exilio en Nueva York y se internó en el estado de Chihuahua para unirse a las fuerzas de Villa. Éste ha hecho un convenio con la American Smelting. Recibe un cheque como "impuesto de guerra" y se compromete a no molestarlos y a dejarlos trabajar.

El 5 de febrero —aniversario de la Constitución de 1857— tomó San Andrés y diez días más tarde, Satevó; antier estaba combatiendo en Babonoyaba. Los villistas toman estas plazas abasteciéndose de pertrechos y alimentos y se retiran vertiginosamente a las estribaciones de la Sierra Madre, donde se sienten más seguros, pues la gente los apoya con lo que puede.

Ante la escasez de parque, ha optado Villa por dispersar a su gente y citarla un determinado día en un punto distante. A don Jesús José López, padre de Pablo, lo acosó y humilló el general Murguía, a tal grado que, en cuanto se vio libre, desapareció de la ciudad con rumbo desconocido.

Marzo 20.

Por lo pronto, han cesado los combates, aunque se teme de un momento a otro que se intente de nueva cuenta tomar esta ciudad que se halla fortificada desde el cerro de Santa Rosa hasta las orillas del Chuvíscar.

Se supo de una concentración villista en la Hacienda de Santa Gertrudis, donde se vio al general Ángeles conversar con Villa y su estado mayor. Se especula que piensan concentrar todas las dispersas fuerzas del estado y atacar una población importante.

Para el abastecimiento de parque, se ha recurrido al hecho de comprárselo a los propios soldados carrancistas de las diversas poblaciones del estado y de la misma ciudad de Chihuahua, y en forma clandestina hacerlos llegar a los villistas.

Ayer recibí carta de Pamela Anderson, de San Francisco, donde trabaja como enfermera en un hospital. Me pide informes de todos los buenos amigos como: Ricardo Michel, Pepe Nieto, Martín López, el güero Baudelio Uribe, el doctor "Chon" Brondo Whitt, etcétera. Me insiste en que me vaya para allá, pues estima que la dictadura de Carranza va a durar unos 30 años más, ya que nadie piensa que dejará el poder voluntariamente. Hoy le contestaré diciéndole que para la Navidad quiero darme una vueltecita por allá.

Don Lázaro de la Garza, el comisionado de la División del Norte para adquirir armar y municiones en Nueva York antes de los combates de Celaya y Trinidad, se quedó con una enorme suma de dinero, pues no envió nada de parque y mucho menos cuando se enteró de que Villa había sido derrotado. Simplemente se hizo el desentendido y se compró una suntuosa mansión en el exclusivo Beverly Hills, en Los Ángeles, para disfrutar de su gran fortuna. Villa le envió a Juan B. Vargas a cobrarle, pero hábilmente se le escondió, pues sabe que si lo agarran lo ahorcan. Es otro más de los que traicionan al "Centauro del Norte", pero éste, a diferencia de Tomás Urbina, sí está disfrutando del botín.

Abril 23.

¡Villa toma Parral! A pesar de la fuerte guarnición federal y de los guardias sociales, luego de una encarnizada lucha, éstos se rindieron el domingo en la mañana cuando el coronel Tavares se entrevistó con ellos y les garantizó la vida.

No le faltaron ganas a Villa para fusilar a las defensas sociales rendidas, pero en su favor intervinieron Miguelito Trillo, Martín López y Felipe Ángeles con el argumento de que, perdonándolos, se ganaría la simpatía de los parralenses, pues ya sus familias sumamente angustiadas le suplicaban clemencia.

Finalmente, accedió Villa a liberarlos e incluso a aceptar en sus filas a quienes así lo desearan. Fue un momento emocionante, pues cuando se enteraron de que no los fusilaría, alguien de ellos gritó: ¡viva Villa!

Sin embargo, previamente había separado de entre los prisioneros a don José de la Luz Herrera y a sus dos hijos,

Zeferino y Melchor. Aun por ellos quiso intervenir el magnánimo general Ángeles, pero Villa, con los ojos inyectados de sangre por la ira, le replicó:

"¡Pero en estos momentos yo personalmente me encargo de tronarlos! ¡Y usted, mi general Ángeles, el día que caiga en manos de 'barbas de chivo' no crea que se la van a perdonar!".

El odio del general Villa se deriva de que Maclovio Herrera lo traicionó antes de los combates del Bajío y se fue a unir con sus enemigos.

En Hidalgo del Parral sus tropas se abastecieron de alimentos, armas y municiones, antes de embarcar la caballada en los trenes que partieran al norte.

Mayo 1°.

En su regreso al norte tomó Ciudad Camargo, luego de un breve tiroteo con la guarnición carrancista. Aquí en la ciudad de Chihuahua, se espera un nuevo ataque de Villa, por lo cual se ha fortificado en forma impresionante el cerro de Santa Rosa con cañones de montaña y alambradas.

Haciendo un paréntesis en su campaña militar, aprovechó Villa su paso para casarse —una vez más— con la guapa profesora Soledad Seáñez en Valle de Allende, sirviéndole de testigos Baltazar Piñón, Pepe Jaurrieta e Ismael Máynez, sin tomarse jamás la pequeña molestia de divorciarse de sus anteriores esposas, pues como él dice: "Yo no creo en el divorcio".

¡Zapata ha sido asesinado en Chinameca! Según fuentes fidedignas don Venustiano puso a disposición del general Pablo González la suma de cincuenta mil pesos para la captura "vivo o muerto" del general en jefe de la División del Sur. De esta forma, se le dieron instrucciones al coronel Guajardo para que simulara una defección del ejército carrancista y se ganara la confianza de Emiliano Zapata, lo cual hizo aun a costa de sacrificar vidas de tropas federales.

Después de que convenció al general Zapata de su lealtad, concertaron una reunión en Chinameca y apostando soldados en la azotea, en cuanto llegó al patio de la hacienda montado a caballo, se abrió fuego cayendo muerto inmediatamente.

Con este asesinato espera Carranza controlar el estado de Morelos. Desde luego quisiera hacer lo mismo en Chihuahua, para cuyo efecto igualmente se ha ofrecido la suma de cincuenta mil pesos por la cabeza de Villa.

Junio 18.

No atacó Villa la ciudad de Chihuahua, pero en cambio se dirigió a Ciudad Juárez, en la cual derrotó a la guarnición a cargo del general Gonzalo Escobar, quien resultó herido en el primer encuentro con Martín López.

Tomada la plaza interviene el Ejército americano, acuartelado en Fort Bliss —a petición de los federales—, y se inicia un tiroteo entre ellos y los villistas, quienes deben retirarse a Samalayuca, sin ser perseguidos.

Agosto 14.

Una vez más, Villa desaparece del mapa del estado. El gobernador, don Andrés Ortiz, publica un bando ofreciendo la cantidad de cincuenta mil pesos a quien capture "vivo o muerto" a Francisco Villa. Por rara coincidencia es exactamente la misma suma que, se dice, ofreció Carranza por la cabeza de Zapata.

Se duda que aparezca el agraciado a cobrar esta recompensa. Llegó a la ciudad un escuadrón aéreo compuesto por cuatro aeroplanos, tres de los cuales serán piloteados por norteamericanos y el cuarto por un mexicano. La misión será localizar y destruir a Villa donde quiera que se encuentre. Ayer asistimos Nicanor y yo a presenciar esta maravilla de la ciencia moderna. Despegaron uno por uno y ya en el aire, se formaron y sobrevolaron la ciudad alrededor de veinte minutos. Una enorme multitud presenció estas maniobras encabezada por el general Manuel J. Diéguez, así como por el gobernador del estado. Durante la gran guerra europea los aeroplanos jugaron un papel muy importante, pues desde el cielo pueden arrojar bombas al enemigo. Es increíble lo que ha progresado la aviación durante estos últimos años y creo que en el futuro jugarán un papel aún más importante, pues año con año se producen mejores aparatos que vuelan más alto y recorren mayores distancias.

Octubre 3.

Las últimas noticias son que Martín, el último de los López que quedaba vivo, murió en el estado de Durango combatiendo heroicamente a los carrancistas al recibir la herida número 23, por una bala que le penetró en el estómago causándole una peritonitis fulminante, que por falta de quirófano y oportuna atención médica falleció en plena juventud, habiendo sido sumamente querido y admirado por todos los que tuvimos el gusto de conocerlo y tratarlo.

Particularmente ha sido éste un golpe terrible para el general Villa, quien lo quería como su propio hijo y desde luego a quien le había depositado toda su confianza, ya que era el primero en presentarse como voluntario para las más peligrosas misiones.

Pero dicen que las desgracias nunca vienen solas. Publica la prensa la muerte del siempre alegre y valiente general güero Baudelio Uribe, quien, al igual que Martín, cayó luchando heroicamente contra las fuerzas carrancistas. Dicen que tenía la crueldad de mocharles las orejas a sus prisioneros, pero él siempre replicaba: "Yo siempre les doy a escoger entre el fusilamiento y las orejas e invariablemente prefieren despedirse de sus orejas". Descansen en paz este par de queridos amigos y valientes soldados.

Noviembre 17.

Felipe Ángeles, ¡capturado por los carrancistas! Esta noticia ha cimbrado a todo el país. En Ciénega de los Olivos antier fue aprehendido gracias a la traición del mayor Félix Salas, quien militaba en la columna de Martín López y a la muerte de éste decidió no sólo amnistiarse, sino aprovechar la fuerte recompensa que el gobierno ofrecía por la captura del famoso artillero.

Por demás conocido es el rencor que don Venustiano le profesa al gran artillero y lo más seguro es que en cualquier momento lo mande fusilar. Nicanor fue quien primero me dio la noticia y, para colmo de sorpresas, me informó que junto con mi general Ángeles fue aprehendido el chamaco Toñito Trillo, a pesar de ser menor de edad (hermano de Miguelito), así como el mayor Enciso Arce.

De inmediato nos dirigimos a "Las Tres B", el popular comercio de don Simon Picard, a quien encontramos conversando con el licenciado Mena, quien afirmó que en las próximas horas el general será pasado por las armas, a lo cual agregó don Simon: "*Avec toute plaine sûreté*" (Con toda seguridad). E inclusive se teme por la vida de sus acompañantes.

Desde luego esta noticia ha causado enorme revuelo no sólo en la ciudad de Chihuahua, sino en todo el país, en Estados Unidos, así como en Francia, donde el ilustre militar fue condecorado como Caballero de la Legión de Honor, distinción que no creo posea ningún otro mexicano.

En toda la ciudad no se comenta otra cosa fuera de la aprehensión del general Ángeles y se especula sobre su destino, pero la inmensa mayoría cree que terminará en el paredón.

Noviembre 23

Ayer, a primera hora, llegó a casa por mí Nicanor, avisándome que arribaría el tren de Parral con el general Ángeles.

En sendas bicicletas fuimos a la estación del ferrocarril, donde ya miles de personas de todas clases sociales aguardaban la llegada de los prisioneros. Una doble línea de soldados del 62 batallón resguardaba la estación desde muy temprano con el evidente temor de que, de un momento a otro, apareciera Pancho Villa a rescatarlo.

Unos quince minutos antes del tren llegó el general Manuel J. Diéguez, quien de inmediato fue abordado por una nube de periodistas y expresó en alta voz —para que todos lo escucháramos— que trataría de interceder a fin de que no lo sometieran a Consejo de Guerra, pues en estricto sentido no era militar ya.

De pronto se escuchó la locomotora proveniente del sur y con tres silbatos consecutivos anunció su arribo a la estación. Varios minutos después aparecen los prisioneros: el general vestía un traje oscuro que le quedaba bastante holgado, camisa blanca y zapatos "tennis". Lo vi notablemente envejecido, ha perdido cabello y asoman las primeras canas, su semblante es extre*madame*nte pálido —como si tuviera malaria— y al pisar el andén, el público de la ciudad empezó a aplaudirle, por lo cual el general Diéguez inmediatamente lo subió a uno de los tres coches que lo aguardaban —uno adelante y otro atrás— y en cuanto los abordaron los demás —Enciso y Toñito—, partieron a toda velocidad hacia el cuartel de caballería, donde quedaron internados.

Hoy, a las diez de la mañana, se inició el juicio. Desde las ocho y media nos permitieron la entrada a Nicanor, a mi tío Tomás y a mí. A las nueve llegaron don Simon Picard y el licenciado Mena y ocuparon los asientos que con nuestras cachuchas les habíamos reservado.

Se publicó, al pasar por Parral, que la sociedad le hizo efusivas muestras de simpatía recordando cómo este año, en abril, su intervención salvó del fusilamiento a 87 prisioneros de Villa y, sin duda, muchas de esas familias le expresaron su gratitud. A un periodista le escribió el siguiente epitafio: "Mi muerte hará más bien a la causa democrática que todas las gestiones de mi vida. La sangre de los mártires fecundiza las buenas causas".

Inclusive se rumora que algunos de aquellos prisioneros de Villa a quienes había salvado, le propusieron liberarlo a la fuerza, pero se negó él diciendo que eso traería mayor derramamiento de sangre y los exhortó a que labraran su porvenir y vieran por sus familias en un ambiente de paz.

En su maleta —regalada por quién sabe quién— traía dos libros: *La vida de Jesús*, de Ernesto Renán; y una biografía de Napoleón. Al pasar por Jiménez el cura le dio su bendición y le obsequió otro libro titulado *Estudio jurídico del juicio de Nuestro Señor Jesucristo*.

La audiencia de hoy ha sido de un intenso dramatismo. El jurado militar se integra exclusivamente por los más acérrimos enemigos de Villa, empezando por su presidente Gabriel Gavira, y terminando por el abyecto licenciado Vítores Prieto, que lo hizo más repugnoso que nunca cuando volcó sobre él una despreciable perorata, misma que fue refutada con clase, con grandeza de alma, al replicarle:

> Yo no abrigo odios contra nadie; nunca los he abrigado; cuando luchaba contra el gobierno no le tenía odio; así como tampoco lo tenía cuando Madero me envió a combatir a los zapatistas; el cariño que manifestaba a éstos hizo que me llamaran zapatista.

Siguió hablando el general Ángeles con tal elocuencia que, al terminar, todo el público que abarrotaba el Teatro de los Héroes empezó a aplaudirle, lo cual hizo montar en cólera al general Gavira y pidiendo silencio dijo que se abstuvieran de dar demostraciones de simpatía u odio para los procesados, pues, de lo contrario, se vería obligado a desalojar el recinto.

Se le negaron al licenciado Alberto López Hermosa las pruebas ofrecidas, como se le negó el amparo y protección de la justicia federal, y se interceptó un telegrama al general Diéguez, que decía:

"Sírvase comunicar esta superioridad. Cumplimiento. Sentencia. Consejo de Guerra. Venustiano Carranza".

Al término del primer receso comentó el licenciado Mena: "Es por demás esta farsa de juicio. Si Cicerón lo defendiera, igualmente se le condenaría a la pena capital".

Don Simon redactó una carta pidiéndole la amnistía al presidente Carranza con el apoyo de más de mil firmas, pero todo hace temer lo peor.

Noviembre 26.

Hoy, a las 6:30 de la mañana, en el cuartel del 21 Regimiento de Caballería fue fusilado el general Felipe Ángeles. Todo Chihuahua se ha vestido de negro para acompañar al ilustre artillero al Panteón de Dolores. Es un día triste, frío, nublado, con ligera llovizna, como si el mismo cielo llorase la tragedia de un ilustre mexicano. Su defensor, licenciado Alberto López Hermosa, le comentó al licenciado Mena Castillo que anoche, al despedirse, le pidió el general Ángeles que se entrevistara con el presidente Carranza y le recordara que en la *Biblia* hay un terrible apotegma que dice: "El que a hierro mata, a hierro muere", a lo cual inquirió el licenciado Mena:

"¿Y qué piensa usted hacer?".

–Cumplir naturalmente el último deseo de un condenado a morir.

Al mayor Enciso Arce y a Toñito Trillo los sentenciaron a varios años de cárcel, a pesar de que el último es menor de edad y el licenciado López Hermosa confía que en cuanto presente el acta de nacimiento obtendrá su libertad, pues el verdadero objetivo del Consejo de Guerra era asesinar al general Felipe Ángeles, a quien desde hace muchos años el señor Carranza le ha cobrado un odio feroz, desde que el ahora Presidente lo invitó a unirse a él para derrocar al señor Madero, a lo cual se negó, diciéndole que ese acto sería una traición a la confianza que se le había depositado.

Cuando el féretro era bajado a su última morada, el licenciado López Hermosa pronunció una bellísima oración fúnebre haciendo llorar a una gran parte de los presentes: dijo que había sido el odio del despotismo el que le había arrebatado la vida a un hombre ilustre, noble, brillante y bueno, que tanto podía hacer aún por su Patria, pero que nadie es profeta en su tierra y si la bendita Francia lo había condecorado como Caballero de la Legión de Honor, ante el altar de Huitzilopochtli, el odio de la envidia le había arrancado el corazón; pero la tierra siempre generosa de Chihuahua amorosamente lo recibía con el mismo amor que, al igual que hace un siglo, había recibido los mortales restos del Padre de la Patria y que no había cometido otro crimen que ofrecer su vida en aras de la libertad y de la justicia, y que en el cielo patrio se uniría en el Paraíso con Hidalgo, Morelos y Madero, y aquí en la tierra con cientos de familiares de aquellos prisioneros a quienes les salvó la vida, para seguir teniendo un padre y un esposo que continuara velando por su hogar, aunque él mismo hubiese dejado en extrañas tierras a una viuda y a unos huérfanos y que se reintegraba a la madre tierra con la perenne bendición de la tierra chihuahuense, mientras un insaciable tirano continuaría rumiando sus temores y odios al escuchar, como Nerón, las inmortales palabras de Séneca: "Podrás asesinar a todos, excepto a tu sucesor".

Al concluir, gris y fría la tarde otoñal, bajo una leve llovizna ante el crepúsculo próximo, los semblantes permitían a las lágrimas salobres deslizarse por las mejillas de la sociedad entera de Chihuahua.

Ni el mismo general Diéguez pudo evitar que una espontánea cooperación reuniese en minutos el digno funeral del hombre idealista que había entregado su existencia por una Patria mejor.

Hoy, siguiendo el ejemplo de "Las Tres B" (Bueno, Bonito y Barato), de *monsieur* Picard, todo el comercio, especialmente el de la calle Libertad y avenida Independencia, cerraron sus puertas y lucieron, en señal de duelo, un negro crespón luctuoso.

Noviembre 30.

La prensa independiente y digna de todo el país condenó el artero asesinato, mientras los periódicos abyectos y serviles daban escuetamente la noticia o guardaban ominoso silencio. La prensa extranjera criticó en duros términos a Carranza, diciéndole que esa mancha de sangre jamás podría lavarse y que el espíritu del ajusticiado lo perseguiría hasta el último día de su existencia. Don Silvestre Terrazas escribió también un hermoso epitafio diciendo que ese fusilamiento sólo podía ser la respuesta del tirano a quienes clamaban por la democracia y la justicia social, y al igual que en la época de otro dictador, las balas habían acallado las voces de los obreros dé Cananea y Río Blanco. Y concluía diciendo que el odio era como un búmeran: que se vuelve en contra de quien lo profesa, profetizándole al tirano que los adulones que hoy lo rodean serán los primeros en volverse en su contra al primer desliz.

A todos los participantes del Consejo de Guerra, y muy especialmente al presidente, general Gabriel Gavira, y al fiscal Vítores Prieto, la sociedad les volvió la espalda, llegando al grado de negarles el servicio en cantinas y restaurantes. Al propio general Diéguez no le fue mejor, pues jamás se le volvió a invitar a ninguna reunión social, y cuando aparecía en alguna de ellas, la gente le daba la espalda ostensiblemente.

En cuanto Villa se enteró de la muerte de Ángeles, ordenó pasar por las armas a todos los prisioneros federales.

Diciembre 4.

Se acaba el año y el balance no es positivo: perdieron la vida el güero Baudelio, Martín López y el general Ángeles.

Con la próxima Navidad resurge la esperanza de una vida mejor para 1920. Por lo pronto, dos fuertes nevadas han cubierto de blanco al Parque Lerdo y tenemos al tradicional guajolote engordando en el corral para que nos amenice la Nochebuena. En la tumba del general Ángeles, se levantó un hermoso monumento con este epitafio: "La sangre de los mártires fecunda las buenas causas" (sus propias palabras antes de morir).

1920

Enero 2.

Las pasiones políticas se han desatado: en forma enconada se disputan la próxima Presidencia de lá República, Álvaro Obregón y Pablo González; el primero, se siente merecedor del cargo por haber vencido a Villa, y el segundo, por haber mandado asesinar a Zapata, pero con lo que no cuentan es que don Venustiano no quiere a ninguno de los dos, sino a un tal Ignacio Bonillas, alias "Flor de Té" por aquella canción: "nadie sabe de dónde vino", quien no tiene sino un voto: el de Carranza.

Todo ello presagia una nueva lucha armada de todos contra todos. Mientras esto sucede, los carrancistas buscan a Villa en la Sierra Madre Occidental, pero éste, siempre imprevisible, toma Múzquiz, Coahuila, a 900 kilómetros de distancia, para lo cual tuvo que cruzar el bolsón de Mapimí, un inmenso desierto, y sorprender a la desprevenida guarnición, surtiéndose de ropa, alimentos y municiones antes de retornar al estado de Chihuahua.

Aunque la aviación sigue progresando vertiginosamente, pues cada año aparecen nuevos aeroplanos, más potentes y mejores en todos sentidos, no han servido hasta la fecha para localizar y doblegar al infatigable "Centauro del Norte".

Febrero 4.

Villa toma Lerdo y Gómez Palacio con un contingente de sólo trescientos hombres, suficientes para vencer y rendir a la población. El general Joaquín Amaro parte en su búsqueda y, si mucho, un tiroteo, sin mayores consecuencias, le hace quedar con las manos vacías.

Desde la muerte en rápida sucesión del güero Baudelio, Martín López y el ameritado general Felipe Ángeles, la ciudad de Chihuahua me parece más triste que nunca. Cierto es que la Navidad vino a inyectarle un poco de alegría, pero pasada ésta, volvió el desencanto.

Marzo 8.

Es un hecho el rompimiento del grupo sonorense de Álvaro Obregón, Plutarco Elías Calles y Adolfo de la Huerta con el presidente Carranza, lo cual —como es fácil suponer— redundará a favor de Villa.

Incluso parece ser que el general Eugenio Martínez tuvo una reunión privada con Silverio Tavares. No se sabe de qué hablaron, pero es de suponerse que el grupo sonorense quiere ganarse la voluntad de Villa, ahora que están en contra de Carranza, quien no se resigna a dejar el poder por completo y si bien no puede reelegirse, por lo menos quiere seguir mandando a través de un títere como es el absolutamente desconocido Ignacio Bonillas, lo que le ha valido el repudio de la inmensa mayoría del Ejército e inclusive de la ciudadanía en general.

De esta forma, se ha creado un partido oficial que proclamó la candidatura del referido señor Bonillas y don Venustiano desde la Presidencia de la República mueve todos los hilos del títere, apoyándolo moral, económica y políticamente, y, desde luego, hostilizando en todas las formas posibles a Obregón, quien después de haber sido ministro de Guerra y Marina tuvo que salir huyendo de la ciudad de México disfrazado de ferrocarrilero.

Por otra parte, el general Pablo González, más bueno para las intrigas que para los combates, ya se sentía el brazo derecho de Carranza, quien por cierto le debía el favor de haber eliminado a Zapata, y con este mérito pensó en ser el sucesor de don Venustiano y cuando éste lo llamó a una entrevista, en lugar de decirle: "Usted será mi sucesor", de buenas a primeras le enfatiza: "El ingeniero Bonillas será el próximo presidente de la República". El general González se puso pálido y profundamente indignado le responde que desde ese momento termina la amistad con el Primer Jefe.

Saliendo de la audiencia buscó el apoyo del Ejército, pero éste en abrumadora mayoría ya le había dado el respaldo a Obregón, por lo cual —en opinión del licenciado Francisco Prieto Quemper— no le quedará otra opción que aliarse con él (de lo contrario, correrá el riesgo de que lo mande fusilar).

Abril 17.

Ya estalló la rebelión de los sonorenses en contra de don Venustiano. El prestigio militar de Obregón hace que una parte muy fuerte del Ejército lo apoye e incluso que Pablo González —que como general no puede compararse con él— no tendrá otra alternativa que apoyarlo.

El autócrata —don Venustiano— empieza a quedarse solo y de los lambiscones que lo adulan y rodean no hay uno que sirva para enfrentarse a Obregón, y en el Ejército federal las deserciones son el pan de cada día.

Villa, con buen tino, ha decidido suspender los ataques a las guarniciones federales en el estado, a pesar de que el Ejército federal está agrupando a sus contingentes para enfrentarlos a Obregón.

Abril 25.

Ya se publicó el Plan de Agua Prieta, en el cual se desconoce a Carranza y se constituye el Ejército Liberal Constitucionalista, asumiendo la Presidencia Provisional de la

República, Adolfo de la Huerta, quien convocará a elecciones inmediatamente después de que tome posesión de su cargo. Lo firman, entre otros, Plutarco Elías Calles, Abelardo Rodríguez, Fausto Topete, Luis L. León, José M. Tapia, Francisco R. Manzo, Alejandro Mangue y Jesús Aguirre.

No sólo los militares sino líderes obreros como Luis N. Morones y Vicente Lombardo Toledano, y otros más como Felipe Carrillo Puerto —presidente del Partido Socialista del Sureste—, expresan su desconocimiento a quien tiene alrededor de siete años gobernando al país y se adhieren al Plan de Agua Prieta.

El único general que puede enfrentarse a Obregón es Villa, pero Carranza sabe —y reconoce ante sus íntimos— que ha sido injusto con él, e infortunadamente para él es ya demasiado tarde, pues día con día va quedándose solo. Incluso la prensa adulona y servil ahora empieza a darle la espalda y no falta quien lo tilde de autócrata.

El gremio militar compuesto por el general Roberto Cruz, coronel Abelardo L. Rodríguez, coronel Anatolio B. Ortega, coronel Fausto Topete, general Carlos Plank, general Lino Morales y el coronel Jesús M. Aguirre —entre muchos otros—, se suman a los "aguaprietos".

Carranza, en un acto de desesperación ha ordenado que se le instruya un proceso penal a Obregón por violaciones a la Ley Penal Militar —algo muy parecido a lo que quiso hacer don Porfirio con el señor Madero—, pero la opinión pública e inclusive la de abogados es que este juicio está destinado a fracasar.

Mayo 4.

El gobierno carrancista se desploma como un castillo de naipes. Ayer un aeroplano "Farman", piloteado por Carlos Santana, arrojó bombas sobre la ciudad de Cuernavaca —a sólo diez kilómetros de la capital de la República.

Las fuerzas "aguaprietistas" se multiplican por todo el territorio nacional y se habla incluso de que el Presidente abandonará en un próximo futuro la ciudad de México y probablemente busque refugio de nueva cuenta en el puerto de Veracruz, ante la imposibilidad de hacerle frente a los alzados.

Las defecciones continúan a ritmo acelerado. El general Juan Andreu Almazán se adhiere a los sonorenses; y el general Pablo González, considerado el brazo derecho de Carranza, hizo lo propio y se prepara a batirlo militarmente.

Mayo 19.

Carranza, con muchos burócratas y pocos generales leales, abandona la capital y huye de nueva cuenta con rumbo al puerto de Veracruz, pero "los aguaprietos" lo persiguen encarnizadamente. La caravana de trenes, protegida por 200 cadetes del Colegio Militar y eludiendo los constantes tiroteos de los obregonistas, penosamente prosiguió su viacrucis rumbo al puerto jarocho.

En la estación de Aljibes se presentó el desastre: se levantaron las vías y se cañoneó el tren obligando al señor Carranza a abandonarlo y a proseguir a uña de caballo por la sierra de Puebla con unos cuantos seguidores, entre los cuales se hallan los generales Francisco Urquizo y Murguía. Actualmente, se supone que está en algún lugar de la serranía poblana, pero se estima sumamente difícil que pueda llegar sano y salvo al alegre puerto jarocho, pues la desbandada continúa en forma abrumadora.

En estos amargos momentos el señor Carranza debe estar arrepentido de la forma en que trató a mi general Villa, quien siempre le fue leal hasta la muerte al señor Madero y también lo hubiera sido con él, de haber tenido otro comportamiento, pero todo parece indicar que se acerca el principio del fin.

Mayo 23.

Carranza ha sido asesinado en una lúgubre aldehuela llamada Tlaxcalantongo. Allí, en la madrugada del día 21, en medio de una pertinaz lluvia y anunciada por un deslumbrante rayo, le alcanzó la profecía de Felipe Ángeles horas antes de ser pasado por las armas: "El que a hierro mata, a hierro muere", que apenas en noviembre pasado le hizo llegar.

El país es un caos: disuelta la Soberana Convención de Aguascalientes y asesinado don Venustiano nos hemos quedado sin Presidente. El triunvirato Obregón-De la Huerta-Calles ha triunfado y lo más seguro es que de allí surja el nuevo Presidente. ¿Habremos de caer en otra dictadura?

Mientras tanto, mi general Villa en algún lugar de la Sierra Madre Occidental observa tranquilamente los acontecimientos, y el propio estado de Chihuahua se mantiene a la expectativa.

El porvenir no puede ser más incierto.

Mayo 26.

Don Adolfo de la Huerta ha sido designado presidente sustituto de los Estados Unidos Mexicanos para el periodo que termina el 30 de noviembre de 1920. Así lo declaró el diputado Gustavo Padres, luego de la votación celebrada en el Congreso con los siguientes resultados:

Adolfo de la Huerta: 224 votos.
General Pablo González: 29 votos.
Fernando Iglesias Calderón: 1 voto.

El señor De la Huerta aún se encuentra en Hermosillo, pero saldrá a la capital de la República a rendir la protesta de ley. Hoy me encontré en su negocio de "Las Tres B" a don Simon Picard y con esa sutileza francesa me dijo: "*Le roi est mort, ¡vive le roi!*" (El rey ha muerto, ¡viva el rey!).

La opinión general es muy favorable al señor De la Huerta y la prensa publica que la designación fue recibida con aplausos por la concurrencia que llamaba a las galerías de la Cámara (yo creo que de todas maneras —como dice *mon-*

sieur Picard— hubieran aplaudido a cualquiera que hubiese salido electo).

Con esta designación renacen las esperanzas de que la paz, se imponga definitivamente en todo el país.

Mayo 30.

Hoy, a las seis de la tarde, llegaron al negocio de mi papá, Nicanor, acompañado de Teodomiro Ortiz, uno de los hombres de mayor confianza de Villa, que le surte de municiones compradas a los soldados carrancistas.

Me dicen que me necesita urgentemente mi general y que si los acompaño, a las seis de la mañana pasaran por mí a casa. Acepté. Sé que voy a correr nuevos riesgos, pero no tuve fuerzas para negarme. Algo en mi interior me pidió que no los abandonara, que ellos estos últimos años habían pasado por terribles penas y sacrificios y no debo abandonarlos, pues además está un grupo de viejos amigos que me necesitan y desde la muerte de Shirlee no me importa perder la vida en cualquier combate, como tantos compañeros lo han hecho, siendo el último de ellos mi general Ángeles.

Julio 4.

Con muy buenos caballos conseguidos por Teodomiro cabalgamos Nicanor, él y yo hacia la Hacienda de Encinillas, que tiene, por cierto, la mejor cría caballar del estado. Un día entero estuvimos esperando hasta que, finalmente, apareció mi general.

–Qué bueno que llegastes, Danielito —fue lo primero que me dijo, estrechándome afectuosamente la mano, mientras lo acompañaban Miguelito Trillo, Nicolás Fernández, Ricardo Michel y Pepe Nieto.

–Vénganse, que ya es hora de comer.

Una vez sentados en la mesa, mi general se colocó enfrente de mí y me preguntó a boca de jarro:

"¿Conoces al ingeniero Elías Torres?".

–Sí lo conozco, aunque es muy amigo de mi tío Tomás. Sé también que es amigo del nuevo presidente De la Huerta, porque son paisanos, y me parece muy bien intencionado.

–Pos' resulta que quiere que hagamos las paces ahora que Carranza está difuntito. Yo te necesito más que nunca como telegrafista, porque estoy dispuesto a dejar las armas, pero aún tengo desconfianza de algunos generales que rodean a Fito.

–Pos' ya no tarda en llegar, viene en compañía de mi compadre Francisco Taboada. Yo estoy de acuerdo en deponer las armas, pero no nomás así como así, dejando a mis muchachitos en el aire.

En esos momentos Andrés Farías entra al comedor y le dice a mi general:

"Acaban de llegar Taboada y el ingeniero Torres".

–Que pasen; apenas íbamos a empezar a comer.

Se levantó Villa de su asiento y al ver al ingeniero Torres, le da un fuerte abrazo. Se habló de la suculenta comida, del clima, de la mala situación económica del país y luego se retiraron ellos dos solos a una recámara, donde por espacio de dos horas estuvieron discutiendo las posibilidades de la amnistía. Al fin salieron y llamó a Miguelito para dictarle una carta dirigida al señor presidente don Adolfo de la Huerta con sus condiciones para deponer las armas, que básicamente eran: el reconocimiento a sus grados militares a él y a su gente —unos cuatrocientos entre tropa y oficiales—, así como una hacienda para trabajarla en compañía de sus hombres. A continuación me llama y me pide que telegrafíe al señor presidente De la Huerta lo acordado con el ingeniero Torres en forma sucinta.

Julio 16.

El gobernador Ignacio Enríquez había pedido una entrevista antes con Villa para supuestamente tratar la pacificación, pero con la perversa intención de tenderle una trampa y acabar con él. Sólo que Villa, desconfiado, no cayó en ella. Por cierto que, al encontrarse con sus respectivas escoltas, al reconocer a algunos ex villistas, le dijo al gobernador:

"Veo, señor general, que trai unos de mis muchachitos".

–Así es, mi general, si viera qué buenos muchachos son.

–No se crea, señor gobernador. Eran buenos pero cuando andaban conmigo. Con usted no sirven pa' nada.

Hablaron durante largo rato y al despedirse, le dice Villa a Nicolás Fernández:

"Algo se trae este Enríquez. Demasiado nervioso se encontraba mientras platicábamos. Pa' mí que hoy en la noche, cuando espera que estemos desprevenidos, nos va a atacar".

–Pero, mi general, si precisamente viene en son de paz —objetó Nicolás Fernández.

–No, señor, va a ver cómo es hipócrita. A la noche atizamos unas fogatas simulando nuestro campamento. Luego amarramos unos burros con hambre pa' que rebuznen y sobre unas piedras colocamos sarapes y sombreros y nos retiramos a güena distancia pa' que vea qué tan sincero es.

En plena madrugada las fuerzas del general Enríquez atacaron furiosamente los sarapes y sombreros, pues Villa estaba en represalia atacando Parral.

Las intenciones del presidente De la Huerta son sanas, no así las de Plutarco Elías Calles y Joaquín Amaro, quienes quieren sorprender a Villa como se hizo con Zapata. A su vez, el "Centauro del Norte" ya se percató de las intenciones de quienes han sido sus enemigos y no se va a dejar atrapar tan fácilmente. Así intercepté telegráficamente una orden de Elías Calles al general Amaro, pidiéndole que, a como diera lugar, exterminara a Villa.

Hubo reunión de oficiales y el jefe nos explicó: "Ya ven cómo traicionan al propio Presidente sus subordinados. Mi idea es tomar por sorpresa una lejana población y de allí telegráficamente comunicarme con De la Huerta".

Se aprobó el plan y se discutió cuál sería esa lejana población. Miguelito Trillo extendió un mapa y Villa con el dedo señaló un puerto.

–¡Sabinas, Coahuila! Será una travesía tremenda por el pavoroso bolsón de Mapimí, pero es la mejor alternativa, pues absolutamente nadie nos aguarda allí. Que el coronel Nieto en maniobra de distracción se vaya con ochenta hombres rumbo a Ciudad Guerrero provocando a los carrancistas, mientras nosotros caemos por el otro lado. Tendremos que proveernos de agua, pinole y carne seca para tres días y una remuda de caballo para llegarles por donde menos nos esperan.

Julio 22.

Hoy tomamos en la madrugada la plaza de Sabinas, Coahuila. Han sido tres días terribles cruzando el inhóspito desierto que separa a Chihuahua de Coahuila. Cierto es que nos proveímos de agua, pero ésta fue insuficiente y francamente pensé que iba a morir en el camino. Sólo Dios, y Nicanor, por un lado, y Teodomiro Ortiz y Miguelito Trillo, por el otro, me dieron fuerzas para llegar con vida a nuestro destino luego de atravesar cientos de kilómetros hacia el este por un inmenso páramo donde no aparecía la menor señal de vida animal: apenas algún raquítico arbusto y un cielo sin nubes, sin aves, con un sol enorme quemándonos durante más de trece horas diarias. El verdadero héroe de la jornada fue Nicolás Fernández, quien no sólo nos dio ánimos, sino que nos hizo masticar hojas de mezquites, y cuando pensábamos que íbamos a desfallecer de sed y fatiga divisó en la lejanía unos zopilotes que anunciaron la posibilidad de agua bastante más adelante. Nunca en mi vida admiré más la nobleza del caballo como en esta jornada que aguantaron al punto de caer muertos varios de ellos. Cuando al final anunció Nicolás: "¡Agua!", inmediatamente nos recomendó a todos no tomar sino sólo un pequeño sorbo y a las bestias tampoco permitirles tomar más. En cuanto avistamos un pequeño arroyuelo, él dirigió las operaciones de darle preferencia a las cabalgaduras en las mencionadas condiciones. Yo, en mi interior, di gracias a Dios por salvarme de morir de inanición, como casi sucedió con varios compañeros, a quienes sólo la fe en nuestros ideales les hizo vivir.

El pinole y la carne seca, si bien nos alimentaban, requerían del preciado líquido —cada vez más escaso— para poderlos pasar y en la penosísima travesía únicamente nos sostenía la esperanza de que nuestro esfuerzo sobrehumano no fuese en vano.

En la madrugada arribamos al pueblo y, luego de descansar un poco, tomamos la guarnición sin mayores problemas.

Julio 29.

Inmediatamente después que tomamos Sabinas, me pide mi general que me comunique telegráficamente con el señor Adolfo de la Huerta, presidente de la República. A las nueve de la mañana se logra la comunicación. Evidentemente fue una gran sorpresa en México saber que Villa, a quien se le suponía varios cientos de kilómetros al oeste, hállase en territorio coahuilense.

Menos de veinte minutos duró la conversación en la cual se convino lo principal del arreglo, diciendo el Señor Presidente que inmediatamente enviaría al señor general Eugenio Martínez en su representación para finiquitar lo pactado.

Para nuestra sorpresa, la gente de Sabinas nos atendió espléndidamente. Nos ofrecieron un gran banquete; varios conjuntos musicales entonaron canciones revolucionarias y aparecieron reporteros americanos deseando entrevistar a nuestro jefe. Nosotros, felices de que tantas penalidades y sacrificios hubiesen quedado atrás.

A fin de evitar otra celada, mi general pidió cambiar a Tlahualilo el lugar de firma del cese al fuego, lo que fue accedido por el general Eugenio Martínez. Antes de firmar, aún estuvieron discutiendo los puntos básicos del acuerdo que fueron:

La Hacienda de Canutillo, para el general Villa y su escolta.

Incorporación de 50 villistas pagados por el gobierno y escogidos por él, para su seguridad.

Un año de haberes para cada uno, según el grado —a mí se me reconoció el nombramiento de coronel.

Otra hacienda en el estado de Chihuahua, para sus generales.

Trascendió que en un principio Obregón se oponía, pero le reclamó el Señor Presidente que en cinco años ni él ni ningún general había podido someter a Villa y que, en todo caso, más barato le resultaría a la nación llegar a un arreglo a seguirlo combatiendo otros cinco años (lo cual desde luego es absolutamente cierto).

Al firmarse el documento, todos nos sentimos felices. Miguelito me abraza llorando y tiramos con nuestras pistolas al aire los últimos balazos.

Desconfiado, como siempre, prefirió Villa hacer la última cabalgata montados a viajar por ferrocarril (lo que la inmensa mayoría hubiésemos preferido después de aquella infernal travesía por el bolsón de Mapimí).

Llegamos, finalmente, a la antigua Hacienda de Canutillo.

Exhaustos por la última cabalgata contemplamos aquellas ruinas, algunas casas sin techo, abandonadas desde no sé cuántos años, llenas de toda suerte de alimañas, pero también contentos por la esperanza de una vida nueva, sin peligros ni sobresaltos. Mi general, al desmontar, nos reúne para decirnos:

> Aquí comenzaremos una vida nueva. Con nuestro trabajo convertiremos estas ruinas en una floreciente hacienda. En la guerra como en la paz, yo pondré siempre

el ejemplo y seré el primero en levantarme y entrarle al arado para producir los frutos que México necesita.

–Los que quieran irse con su familia pueden hacerlo, llevándose toda la gratitud de mi corazón por tantos desvelos, penalidades y peligros que juntos hemos sufrido, y cuando quieran volver, esta humilde casa siempre tendrá para ustedes las puertas abiertas.

–Quienes se quieran quedar, lucharán junto conmigo ahora para que la tierra nos dé sus frutos, pos' les prometo que nunca jamás en sus vidas volverán a pasar hambres, ni incomodidades, ni peligros, ni sus familias padecerán zozobra y todos volveremos tranquilos al saber que las dictaduras en México se han terminado para siempre y no habrá más reelecciones, por más que Carranza haciéndose el tonto no haiga puesto esta prohibición en la nueva Constitución, y, sobre todo, el porvenir de nuestro país será de libertad y progreso.

Así empezamos a trabajar duro y antes de 90 días, se empezó a ver el cambio en la hacienda. El gobierno cumplió en pagarnos —en dos partidas— un año de haberes, según el grado.

Un día después del pago, mi general me encuentra para preguntarme:

"Bueno, Danielito, ¿ahora qué piensas hacer?".

–Mi general, mi tío Tomás ha sido llamado a San Francisco como despachador bilingüe y me pregunta si como telegrafista quiero ir yo en su lugar, pues él tiene una familia formada y ahora que se acabó la revolución sí me gustaría irme al otro lado.

–¿Y a buscarte otra gringuita como la enfermera que traibas? —preguntó sonriente.

–Pues francamente sí, mi general.

–Bueno, bueno, pos' yete, ya bastante me has servido, pero sí te encargo mucho, mucho estar siempre en contacto conmigo o cualquiera de mis muchachos, como Nicolás, Miguelito o el "gringo" (Pepe Nieto).

–Se lo prometo, mi general. Ya sabe que cuando me necesite siempre estaré a sus órdenes.

Con un fuerte abrazo nos despedimos.

Alguna nostalgia sentí al dejar Canutillo. Llego a Parral y lo vi más bonito que nunca, y sobre todo la gente recordará para siempre cuando nuestro jefe le perdonó la vida un Domingo de Resurrección a 87 defensas sociales, las cuales son hoy el sostén de sus familias.

En la ciudad de Chihuahua estuve una semana. Tomé el tren a Ciudad Juárez y de allí me comuniqué con míster O'Reilly, quien me citó en su oficina en cuanto llegase.

Pamela —del heroico "Escuadrón Nightingale"— me esperaba ya en la estación y me condujo a un buen alojamiento.

He iniciado una vida nueva. Conocí a Sharon O'Hara, prima de Pamela, y pienso contraer matrimonio con ella, aunque sé que jamás podré olvidar a Shirlee, pero quiero formar una familia que vea con entusiasmo el porvenir... y que algún día lea el heroico capítulo de la Revolución Mexicana y de Pancho Villa.

1923

Marzo 4.

Recibí telegrama del coronel Ramón Córdoba, invitándome a la boda de su hijita Eulalia con mi querido amigo Pepe Nieto en Canutillo. Le traduje a mi esposa Sharon, quien se emocionó diciéndome: "*Let's go!*".

–Bueno, pues vamos —respondí.

Tomamos el ferrocarril —tengo pase para dos personas por trabajar en la compañía— e hicimos la cómoda y maravillosa travesía a El Paso, Texas, de donde cruzamos la frontera para viajar a la ciudad de Chihuahua, donde nos recibieron mis papás, mi hermana Sara y mi tío Tomás, estando todos ellos con la curiosidad de conocer a mi esposa —creo que se quedaron gratamente impresionados con sus verdes ojos "de gringa".

Después de permanecer otros dos días en la capital del estado, nuevamente tomamos la vía férrea para Hidalgo del Parral, donde a su vez nos esperaba el coronel Ricardo Michel para conducirnos —en el propio carro de mi general Villa— hasta la Hacienda de Canutillo.

¡Qué diferencia en tres años! Por completo había desaparecido aquel páramo para dar lugar a un floreciente y próspero vergel. Por haber arribado ya casi al anochecer, el coronel Michel nos asignó una magnífica recámara. La primera y grata sorpresa fue observar que la hacienda hallábase totalmente electrificada. Antes de merendar nos anunció Ricardo Michel que el general ya se había retirado a descansar (tiene tres recámaras separadas y nadie sabe, de acuerdo a su inveterada costumbre, irse a dormir en algún desconocido lugar) y que nos esperaba para desayunar a las seis de la mañana.

Apenas el astro rey se quería desprender de las montañas del este, escuché el inconfundible tintinear de sus argentinas espuelas bajo sus inseparables mitazas.

–¡Pero miren nomás quién se me aparece! Nada menos que mi leal telegrafista, el coronel Delgado, ¡venga un abrazo!

Al cubrirme con sus brazos —será por vieja costumbre— me esculcaba a ver si yo llegaba desarmado y luego con amplia sonrisa, agrega:

"Ahí vienen Miguelito, Ricardo y Pepe Nieto. ¡Pero miren nomás qué bonita gringa pescó en el otro lado!", dijo al ver a Sharon.

Antes de sentarnos aparecieron Lorenzo Ávalos, Ramón Córdoba, Ernesto Ríos, Miguelito Trillo, Nicolás Fernández y Pepe Nieto.

–Tomen asiento, orita viene Austreberta pa' que acompañe a tu señora, pos' después del desayuno daremos una vueltecita por la hacienda.

En efecto, poco después aparece la última señora del "Centauro". Es una joven alta, guapa, de grandes ojos negros, con un incipiente estado de embarazo, la cual fue sentada a la derecha de Sharon, quien ya habla algunas palabras en español.

Todo el desayuno fue cubierto por los recuerdos de la dramática década 1910-1920, en la cual se sacrificaron por la Patria tantos magníficos hombres que largo sería enumerar. Quizá lo haga la Historia en el futuro.

Opíparos platillos a base de machaca, tortillas de harina, frijoles con queso y frutas, acompañados de jugo de naranja y café con leche, fueron servidos y ávidamente decorados

—entre alegres comentarios y tristes memorias de la turbulenta época.

–Véngase, mi coronel Delgado, nos acompañan el "gringo" (Pepe Nieto), Lencho (Ávalos) y Miguelito (Trillo).

Me reservaron un magnífico caballo —el "Comanche"— de gran alzada y una vez montados, iniciamos el recorrido por la extensa hacienda. Lencho iba adelante con el "gringo"; lo seguimos Miguelito a la izquierda del general y yo, a la derecha.

Tres horas duró el recorrido: fue una estupenda exhibición de la magnífica organización. Preferente atención le da a la cría de fina caballada, ya importada desde Kansas, ya adquirida de las haciendas de Encinillas y Santa Gertrudis.

El general nos explica: "Aquel garañón dosalbo es cría de 'Turena', el caballo de mi general Ángeles, y este tordillo 'Victoriano', nieto del de Trinidad Rodríguez, y aquel azabache es el mero que montaba Martín López cuando cae".

Vimos también una abigarrada cría de borregos y a lo lejos, ganado "terraceño" cara-blanca pastando tranquilamente. Pasamos también por las milpas de maíz y los recién plantados nogales, mirándolos mientras el "Centauro" nos explicaba:

"Antes de cinco años estaremos produciendo la mejor nuez de México. Y más allá tenemos los cóconos pa' que alegren las navidades de Durango y Chihuahua. Mientras las gallinas ya nos dan huevos pa' todo el año".

Visitamos también la fragua, donde se forjan herraduras y clavos, así como la talabartería en la cual fabrican lo mismo zapatos que botas, mitazas, monturas y hasta chamarras.

Pero su máximo motivo de orgullo fue la Escuela "Felipe Ángeles", exhibiendo su busto en el frontispicio. El profesor Coello terminaba su clase diaria y me es presentado por Miguelito. Opera en la reconstruida iglesia en la cual, sin embargo, se reservó una capillita, para que los domingos venga un cura de Parral a oficiar la misa y suministrar los sacramentos del matrimonio.

Para completar el cuadro hay una banda de música compuesta por algunos ex Dorados (muy malos) y otros venidos de Parral, quienes con sus arpas, guitarras, violines y trompetas lanzan al aire las canciones predilectas del "Centauro del Norte".

Al mediodía retornamos al casco de la hacienda, donde se sirvió una ligera comida, pues el banquete nupcial se ofrecería a las ocho de la noche.

A las siete, en la capillita, y con la presencia del señor cura José Joaquín Salcido, de Parral, se llevó a cabo la ceremonia nupcial de mi coronel José Nieto y la agraciada señorita Eulalia Córdoba. Inmediatamente después empezó la fiesta. Naturalmente se tocaron piezas revolucionarias como: "La Adelita", "La Cucaracha", "La Valentina" y muchas más, sin faltar desde luego "El zopilote mojado". Por rara excepción, se permitió beber cerveza con la cena y el baile.

Sharon estuvo feliz. Muy emocionada de personalmente tratar al mundialmente famoso Pancho Villa y de conocer esta nueva faceta de México. Bailamos hasta cerca de la una de la madrugada, hora en que nos despedimos del general para retirarnos a descansar.

–Mañana el almuerzo será a las siete —nos dijo—, pues yo voy a echar una bailadita más; antes de que se regresen nos vamos a tomar una foto de la escolta.

Dormimos como unos benditos.

Al día siguiente, en punto de las siete de la mañana, ya nos aguardaba el desayuno. El señor cura José Joaquín Salcido nos acompañó y al escuchar las espuelas de plata de mi general, todos nos pusimos de pie para recibirlo.

–Buenos días, mi general —lo saludó el señor cura—, quiero pedirle permiso para bendecir los alimentos.

–Échele todas las musarañas que quiera, señor cura, que ningún mal nos ha de hacer —fue el asentimiento de mi general.

Dos horas transcurrieron vertiginosamente entre las mil y una anécdotas de mi general, de las cuales la más sorprendente fue: *Pat-got-zin-kai.*

–¡*Pat-got-zin-kai*! ¿No saben lo que significa?, pos les voy a contar: cuando andaba yo huyendo de la "acordada" de Durango, me vine a Chihuahua; y como aquí también alguien me reconoció me fui internando a la Sierra Madre cada vez más y más. Un día encuentro a un apache tirado con un tobillo quebrado, sin caballo. Como yo andaba huyendo me le acerco y trato de ayudarlo. Él hablaba muy pocas palabras en español, pero constantemente repetía: "Pat-got-zin-kai", "Pat-got-zin-kai"; como estaba bastante golpeado, traté de curarlo, lo levanté, le di pinole y carne seca y le pregunté a dónde quería ir y sólo repetía una y otra vez: "Pat-got-zin-kai" y por señas me indicó que lo llevara a donde él me iría indicando. Yo traiba una mula golondrina y en ella lo monté y así echamos a andar cuesta arriba por las enormes montañas de la Sierra Madre guiándome él. Así subimos y subimos horas y horas hasta llegar a un pequeño y muy bonito, pero de verdad bonito vallecito, que era un campamento apache, donde nos vinieron a recibir unos indios que allí vivían. Mi compañero en su lengua les explicó lo sucedido y vino luego uno de ellos que hablaba algo de español y a quien le expliqué todo. Él me preguntó si lo quería acompañar a traer un doctor del otro lado de la sierra, ya en territorio de Sonora, y le dije que sí y me pidió cuatro veces que guardara el secreto de "Pat-got-zin-kai", que quiere decir en apache: "Paraíso en la montaña".

–Así en sendas mulas bajamos por la escarpadísima falda de la Sierra Madre hasta llegar al pueblo de Bavispe,

Sonora, donde vivía un doctor José González, a quien le pedimos que nos acompañara a atender al apache herido. Este médico ya varias veces había estado en "Pat-got-zin-kai" y conocía la aldea apache, de modo que nos acompañó en la mula extra que tráibanos, con su maletín e instrumentos. Nuevamente llegamos a nuestro destino y conociendo algo del lenguaje apache, auscultó y curó a su paciente durante dos días, al cabo de los cuales, luego de recibir su pago en monedas de oro, regresó a su pueblo.

–Yo permanecí cerca de cinco semanas en el "Paraíso en la montaña", y cuando supuse que había pasado la persecución, regresé. El capitancillo apache, de nombre que no recuerdo, me decía ser hijo del famoso Ju, que muchos años atrás había peleado tanto con los gringos como con los mexicanos; con que, ¿qué les parece la aventura esa?

Yo me aventuré a decirle:

"Debería incluir este pasaje en sus memorias, mi general".

–Pos' a lo mejor y sí.

–Véngase —agregó—, vamos a tomarnos la foto del recuerdo.

Minutos después, quienes sobrevivimos de 1910 a 1920, rodeamos a mi general, mientras el fotógrafo nos tomaba la placa. Detrás de él hallábase Eulalia Córdoba, Austreberta Rentería y Sharon.

–Bueno, Daniel, Ricardo los llevará a Parral y ya sabes que el primer hijo yo te lo bautizo.

–Muchas gracias, mi general —le dijo Sharon.

–Hasta luego gringuita chula —se despidió el "Centauro" con un fuerte abrazo.

Con varios encargos para Parral subimos el automóvil de mi general, Miguelito, Ricardo Michel, Sharon y yo.

En Parral pernoctamos en el Hotel Hidalgo y en la mañana, después del desayuno, nos despedimos en la estación del ferrocarril, Sharon y yo, de Miguelito y del general Michel, quedando de estar siempre en contacto "por lo que se ofrezca".

Nuevamente tomamos el tren a Chihuahua, donde mi papá nos esperaba en la estación. Otros dos días permanecimos allí visitando a los viejos amigos, como don Silvestre Terrazas, Teodomiro Ortiz, Nicanor Palomares y otros. Llevé a Sharon a "El Oso Polar", a donde tantas ocasiones fuimos en compañía del "Escuadrón Nightingale" y de Vicente y Martín López. En fin, los recuerdos de la pasada revolución fueron quedando atrás, mientras nosotros miramos hoy el porvenir con optimismo.

Chihuahua vuelve a la senda del progreso. Sus minas están de nueva cuenta dando oro y plata al mundo. La agricultura ha florecido y los campos verdes de pasto alimentan al ganado vacuno y caballar. Nuevos y modernos trenes incesantes recorren el país de norte a sur y la Patria encara sonriente al porvenir.

En compañía de Sharon me dirijo a Ciudad Juárez y de allí continuamos por la vía férrea hasta San Francisco, para volver a nuestro dulce hogar que, en pocos meses más, será bendecido con nuestro primogénito, quien se llamará Francisco, en honor a su padrino, mi general Villa.

Con este final feliz debo cerrar este diario.

Julio 21.

VILLA, ¡ASESINADO! Esta estrujante noticia aparece en todos los diarios del mundo. Sharon, llorando, me muestra el San Francisco Chronicle. Fue emboscado ayer en la mañana, junto con Miguelito y otros miembros de la escolta. Seguramente detrás de este asesinato está la mano —la única que tiene— del tenebroso asesino Álvaro Obregón, presidente de México, quien siempre envidió y odió con toda su alma a mi general.

La pregunta de todo México será: ¿ahora quién velará por los humildes? Una vez más recuerdo el bíblico apotegma que como maldición le llegó a Carranza a la muerte de

Felipe Ángeles: "El que a hierro mata, a hierro muere".

1960

Noviembre 20.

He vuelto a Chihuahua una vez más después de treinta y siete años. Todo lo veo completamente cambiado. Me coloqué como telegrafista en San Francisco, California, donde contraje matrimonio con Sharon, quien me dio tres hijos: Sharon, Shirlee y Francisco (la primera, en honor a mi esposa; la segunda, en recuerdo a la heroica enfermera de la gloriosa División del Norte; y el tercero, por mi general).

He venido con mi familia, pues el gobernador del estado, Teófilo Borunda, nos impondrá unas medallas de oro a los escasos sobrevivientes de aquella imponente División del Norte que en Zacatecas derrocó al general Victoriano Huerta. Quedamos muy, muy pocos. Apenas seremos Nicolás Fernández, Teodomiro Ortiz, Nicanor Palomares, Andrés Rivera y yo.

Ayer fui a la casa de mi general. Me abrió la "Güera" Luz Corral; se me quedó mirando unos segundos y queriéndome reconocer me preguntó: "¿Quién eres?".

–Soy Daniel Delgado, el telegrafista de mi general. Ésta es mi familia.

–¡Danielito! Te quería reconocer, pasen, pasen, por favor.

Al llegar a la sala me presenté a Francisco Hipólito Villa Rentería, con inequívocos rasgos de mi general. Es un joven abogado de treinta y tantos años y de inmediato me identifico con él. Lo más curioso es que tiene exactamente el mismo timbre de voz que mi general. Se interesa muchísimo por todo lo referente a su padre, pues le relato varias anécdotas, mientras nos sirve la "Güera" un chocolate caliente. Me da su tarjeta y le prometo enviarle mi "diario".

Mi hijo Francisco nos toma fotos antes de despedirnos en la casa —ahora convertida en museo— de mi general. Antes de despedirme de Francisco Hipólito le recuerdo que a Obregón le cantó el gallo de San Pedro en tres ocasiones: la primera, cuando firmó la bandera de la Soberana Convención de Aguascalientes para inmediatamente darle la espalda; la segunda, para apoyar a don Venustiano y después mandarlo asesinar; y la tercera traición cuando desconoce el principal motivo de nuestra revolución: LA NO REELECCIÓN. A hierro mató —a muchos— y a hierro murió en manos de un José Toral.

El presidente actual es un hombre inteligente, culto y sumamente agradable llamado Adolfo López Mateos, a quien el pueblo quiere.

México ha progresado muchísimo: incontables aviones surcan sus cielos; las universidades proliferan por todo el territorio y se respira por doquier un aire de libertad y optimismo, y hoy a medio siglo de haber iniciado nuestra lucha le comento a mi viejo y leal amigo Nicanor Palomares —a quien se le resbalaron las lágrimas al saber que no nos había olvidado el gobierno emanado de la revolución—, diciéndole con cascada y entrecortada voz: "No fue en vano nuestro sacrificio".

Epílogo

Ha concluido el *Diario de un dorado de Villa*. Los sucesos aquí narrados, en lo fundamental, son ciertos. El escritor ha recurrido a la imaginación mediante el diálogo y los detalles que debieron haber acaecido para completar la obra.

La literatura sobre la Revolución Mexicana, a lo largo del siglo XX, aun siendo única, ha adolecido de dos fallas: por una parte, conforme el antiguo aforismo romano, la Historia la escriben los vencedores —durante décadas la versión oficial intenta marginar o minimizar la figura de Francisco Villa con las notables excepciones de Rafael F. Muñoz, Martín Luis Guzmán y Nellie Campobello—, y por el otro lado, haber ignorado —de buena fe— ya tradiciones orales de los supervivientes de aquella turbulenta época, ya memorias de hombres tan cercanos al "Centauro del Norte" como: José Nieto Houston, Andrés Rivera y Miguel Trillo.

En el centenario de aquel domingo 20 de noviembre de 1910, la pregunta que revolotea en la mente del mexicano es: ¿valió la pena el sacrificio de cientos de miles de hombres? La abrumadora respuesta es afirmativa.

En cuanto a Villa, ninguno de sus contemporáneos en el mundo mereció el interés como él. A través de la literatura, del cine, del reportaje, dio a conocer en el extranjero la auténtica faceta de México.

CPSIA information can be obtained at www.ICGtesting.com
Printed in the USA
LVOW05s1136230214

374826LV00029B/1129/P

9 780615 689951